永安禅寺

恒山脚下的水陆道场

张建德 ◎ 著

文物出版社

图书在版编目（CIP）数据

恒山脚下的水陆道场：永安禅寺 / 张建德编. --
北京：文物出版社，2019.10
ISBN 978-7-5010-6280-5

Ⅰ.①恒… Ⅱ.①张… Ⅲ.①寺庙壁画—介绍—浑源
县 Ⅳ.①K879.41

中国版本图书馆CIP数据核字（2019）第194640号

恒山脚下的水陆道场：永安禅寺

编　著：张建德

责任编辑：智　朴
封面设计：王　梓
责任印制：张　丽

出版发行：文物出版社
社　　址：北京市东直门内北小街2号楼
邮　　编：100007
网　　址：http://www.wenwu.com
邮　　箱：web@wenwu.com
经　　销：新华书店
印　　刷：河北鹏润印刷有限公司
开　　本：965mm×1270mm　1/16
印　　张：13.5　插　页：2
版　　次：2019年10月第1版
印　　次：2019年10月第1次印刷
书　　号：ISBN 978-7-5010-6280-5
定　　价：280.00元

永安禅寺传法正宗之殿匾额

《传法正宗之殿》匾，内高 184 厘米，内宽 135 厘米，朱文蓝底贴金，2004 年复制。释文如下：

一、昭文馆大学士荣禄大夫掌诸路头陀教特赐圆通玄悟大师雪庵溥光书传法住持嗣祖沙门月溪觉亮立

二、时大元国延祐二年四月日大功德主永安居士孙将仕郎前本州判官高璞建

三、时大明嘉靖二十二年岁次癸卯五月吉旦山西行都司大同后卫指挥使郭江重修

四、时大明万历十五年岁次丁亥仲春钦从守备浑源城以都指挥体统行事指挥使云中郭江子郭翰重孙郭恒禄重立

五、时大清乾隆二十六年重创并修

永安禅寺

誦也 意超度

定也 意開慧

修也 意漸悟

舍也 意容納

心念无大小
一起见棱角
心示面前人
是非了知了
心乃万物根
万物有源泉
心动万物盛
万物皆渊源
六道回生芸芸身
不闻己心说他身
佛本无名化生名
天地度化原无形

自　序

浑源县历史悠久，人文与自然景观丰富，北岳恒山脚下的浑源古城，迁建于后唐 926 年，是山西省第二批省级历史文化名城。域内拥有李峪庙坡彩陶文化遗址，麻庄汉墓群，古长城，古城堡，古磁窑遗址，李峪青铜器遗址出土的"浑源牺尊"是上海博物馆青铜组镇馆之宝，五岳之一北岳恒山是全国首批四十四处风景名胜区之一，仅全国重点文物保护单位就有七处：悬空寺、大云寺、永安寺、栗毓美墓、圆觉寺、律吕神祠、文庙。据史料记载，新旧石器时代就有人类繁衍生息，是我国人类最早的开发地之一。《恒山志》记载：浑源的道教于西汉年间传入。《浑源县志》记载：佛教在东晋咸康三年（337 年）传入，东晋永和五年（349 年），佛教僧人道安和法汰率徒在恒山一带建寺院，当时建立的龙山大云寺就是浑源最早的佛教寺庙，规模最大的当属永安禅寺。浑源县人杰地灵，历史上有唐朝中书令郝杰，金朝尚书右丞苏保衡，状元刘㧑，监察御史刘从益、雷渊，著名文学家刘祁，元朝行工部尚书孙公亮，都元帅高定，监察御史雷膺，明朝布政史李彝，监察御史孙逢吉，清朝河东河道总督栗毓美。

永安禅寺的创建，是在饱经宋、辽、金反复征战，社会处于动荡不安之中，统治者为了巩固自身政权，借助宗教信仰的"彼岸"极乐世界，引导民众从苦难的现实中寻求到精神慰藉，从而达到稳定人心的目的。了解永安禅寺，先得从迁建浑源古城玄武城说起。浑源古城是后唐时期从旧址迁建到这里的，迁建浑源城的主要原因是，为了从浑河下游低洼处搬迁到上游的高处躲避水灾。迁建时因为浑源地处北方，属玄武，所以就把浑源城池建成了龟城蛇道的玄武城，意喻镇守北方。浑源古城每逢雨后起雾的时候，站在恒山主峰向北俯视，浑源古城就像一个爬行的大龟，头南尾北，四肢向南游动，好像是要爬到恒山之上。而如今寺院地处的位置既是玄武城中最低洼的漫水之地，又是玄武城中位置至尊之地。依据寺内《大永安禅寺铭》碑文记载："神州永安寺者古之道场经烽火后僧亡寺废。"《寰宇通志》记载"寺院建于金，毁于大火。"以上都没有提到寺院建于金代的哪一年，毁于金代的哪一年，为什么毁于大火，这些问题从记载中都没有解决。碑石记载，现存寺院是在原有寺院的废墟上，有本郡节师高定邀请归云禅师创建于元代初期。原有寺院究竟建于哪个时期？依据东西配殿已经碳化的十二根前廊柱的规格推测，原有寺院是一处规模宏大的寺院，应该是后唐迁建城池的时候，这一片就被定为建寺立庙的地方了，寺院是在迁建城池至金代大火毁寺时期，在不断地完善过程中完备的原有寺院。

关于壁画艺术的传承可分为四大类，一是以原始符号刻画在山体、洞穴、器皿等依托物上；二是以皇权、达官贵人绘画在宫廷、宅第的建筑物上；三是以祭祀为目的绘画在墓室四周及墓道、墓顶、墓内地面上和墓葬的附属物上；四是以宗教信仰绘画在宗教活动场所的墙壁、梁架等建筑物上。永安禅寺传法正宗之殿的壁画，就是在农耕民族和游牧民族文化相融相夺的历史背景下，创建的永安禅寺传法正宗之殿壁画，他们以宗教的形式，绘画在殿内四面六墙的墙壁和梁架之上，是用于超度亡魂，普度众生，稳定人心为目的的水陆大法会道场。

《永安禅寺——恒山脚下的水陆道场》一书的编辑，是在2016年5月出版的《永安寺壁画》专著的基础上修编而成的。书中探索了原有寺院在金代大火焚烧之前的推理、永安禅寺与圆觉寺的关系、建造永安禅寺民间传说、传法殿壁画的断代、山门殿刹特殊标志的渊源、传法殿和天王殿外墙墙壁篆刻大字的年代及篆书大字的地点、永安禅寺在元初创建的时间、永安禅寺与北京潭柘寺的渊源、书《传法正宗之殿》匾额雪庵和尚的历史背景。本书在《永安寺壁画》一书的基础上，添加了壁画的整体效果图。另在书的结尾部分中，为了方便读者了解浑源，加了作者编写的"元代瑰宝——永安禅寺"和"金代瑰宝——圆觉寺"讲解词。

浑源县永安禅寺传法正宗之殿殿内壁画，是研究元、明、清历代镇边，安抚民心的水陆大法会道场，是阐释恒山脚下浑源古城悲悯众生可考的历史资料。因历史上留存下来的资料匮乏，加上作者学识有限，书中难免有不妥之处，敬请谅解并斧正为盼！

2018年7月30日

目 录

殿内壁画内容分组分布图 8

殿内壁画人物分组分布图 9

前 言 13

永安禅寺 16

壁画解读

（一）明王演法 31

（二）化生天道 42

（三）厚德载物 53

（四）道化十方 68

（五）虚空宝藏 98

（六）转身成佛 110

（七）醒世长卷 120

（八）永安长福 157

附 录

大永安禅寺叙 173

山西浑源永安禅寺——简述浑源永安寺寺院规格的论证
...............179

山西浑源永安禅寺——简述"庄严""虎啸龙吟"和

"传法正宗之殿" 183

永安禅寺壁画考证 185

石构件解读 187

《神州大永安禅寺铭》碑文 188

《永安寺置造供器记》碑文 190

《浑源州永安禅寺第一代归云大禅师塔铭》碑文 191

《重修永安寺碑记》 193

元代瑰宝——永安禅寺 195

金代瑰宝——圆觉寺 205

永安禅寺楹联 209

结束语

人生不会老 214

永安禅寺主殿
传法正宗之殿

殿内壁画内容分组分布图

上	中	下
21	71	100
22	72	101
23	73	102
24	74	103
25	75	104
26	85	105
27	86	106
28	87	107
29	88	108
30	89	109
31	90	110
32	91	111
33	92	112
34	93	113
64	94	114
65	95	115

10	8	6	4	2	门	1	3	5	7	9

下	中	上
79	46	11
80	47	12
81	48	13
82	49	14
83	50	15
84	51	16
121	52	17
122	53	18
123	54	19
124	55	20
125	56	35
126	57	36
127	58	37
128	59	38
129	60	39
130	61	40
131	62	41

永安禅寺传法正宗之殿
殿内四面六壁壁画编号分布图说明

殿内四面六壁绘画的大型水陆法会道场，分为八幅内容。第一幅，明王演法，正壁总第 1～10 组；第二幅，化生天道，东侧总第 11～20 组；第三幅，厚德载物，西侧总第 21～34 组；第四幅，道化十方，东侧总第 35～63 组；第五幅，虚空宝藏，西侧总第 64～75 组；第六幅，转身成佛，东侧总第 76～84 组；第七幅，醒世长卷，西侧总第 85～120 组；第八幅，永安长福，东侧总第 121～135 组。

116	117	118	119	120	下
96	97	98	99		中
66	67	68	69	70	上

门门门

135	134	133	132	下
78	77	76	63	中
45	44	43	42	上

殿内壁画人物分组分布图

顶部表头：

上	中	下	4	4	4	2	4	门	4	3	4	4	4	下	中	上

左侧竖表（上 中 下）与右侧竖表（下 中 上）：

上	中	下		下	中	上
2	10	5		6	6	3
4	7	5		10	8	9
4	7	6		6	8	11
5	6	5		6	7	4
4	11	6		18	8	11
4	4	6		7	7	10
5	4	7		4	8	10
4	4	12		11	8	7
5	4	10		8	8	10
7	4	9		9	8	9
9	4	8		8	8	8
6	4	9		7	9	9
8	4	13		8	9	4
5	4	11		8	7	3
2	4	6		7	7	5
6	4	7		8	4	5
				8	7	7

中央说明文字：

永安禅寺传法正宗之殿
殿内四面六壁壁画分组人物分布图说明

殿内四面六壁绘画的895尊水陆人物，绘画了135组水陆故事，归为八幅内容，是属于大型水陆法会道场。第一幅明王演法，绘制水陆人物37尊；第二幅化生天道，绘制水陆人物84尊；第三幅厚德载物，绘制水陆人物72尊；第四幅道化十方，绘制水陆人物193尊；第五幅虚空宝藏，绘制水陆人物73尊；第六幅转身成佛，绘制水陆人物69尊；第七幅醒世长卷，绘制水陆人物236尊；第八幅永安长福，绘制水陆人物131尊。

底部左侧表：

13	9	6	7	11	下
7	4	4	6		中
7	4	7	3	3	上

底部中央：门 门 门

底部右侧表：

15	8	13	9	下
6	7	3	5	中
5	4	5	6	上

传法殿南壁西侧水陆壁画　3.9米×3.1米

传法殿正壁西侧明王壁画　10.2 米 × 3.07 米

传法殿正壁东侧明王壁画　10.18 米 ×3.07 米

传法殿东壁东侧水陆壁画 13.97 米 × 3.3 米

传法殿西壁西侧水陆壁画　13.92 米 × 3.1 米

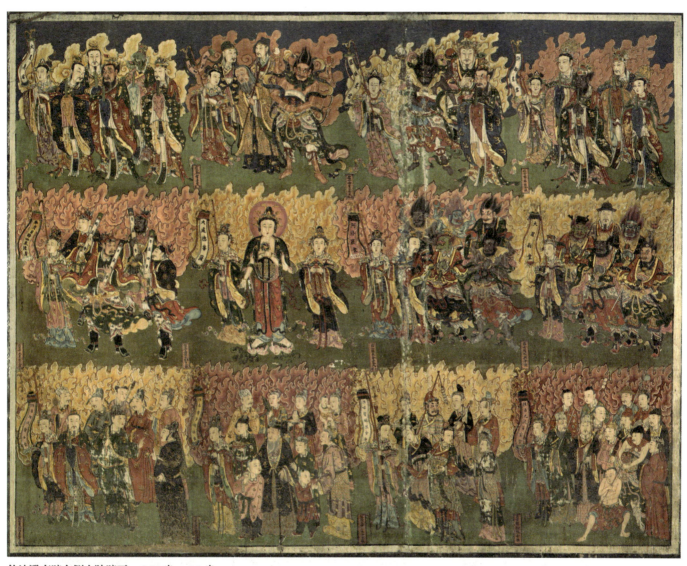

传法殿南壁东侧水陆壁画　3.98 米 × 3.3 米

前　言

永安禅寺，亦称永安寺，俗称大寺。永安禅寺山门五开，建筑独特，榜书宏大，壁画恢宏，砖雕精美，是一处超规格的民间寺院。

永安禅寺因旧城原址常遭水患，后唐天成年间（926年）迁筑今日古城于恒山之荫以来，为震慑水患，在现址上初创寺院。原寺院几经毁与建，到金代彻底毁于烽火，成为废墟之地。元朝初期，浑源人高定邀请北京潭柘寺高僧大德归云宣禅师，在废墟上再次创建寺院。高定是永安军节度使，归乡后自号永安居士，人称高永安，北京潭柘寺归云宣是临济正派禅宗高僧大德禅师；又因为当地民众长期处于游牧民族和农耕民族战争之地，期望永远平安的美好梦想，这一处寺院始称为永安禅寺，一直延续至今。

自926年迁建今城因浑河源头而得名浑源县以来，虽然减少了水患侵扰，但是，此地一直没有躲避开游牧民族与农耕民族的你争我夺。由于战争与自然灾害接连不断，能够流传下来的史料记载极少，在仅有的记载中，未查到元初重建寺院之前的寺院名称、金代火焚的原因、原有寺院初创的年代等。现在唯一可查的是东西配殿已经碳化的12根前廊柱，经实物考证，这12根前廊柱是金代时期火焚后的原有实物，在元、明、清历代重修或者重创并修之中延续下来。《浑源县志》中记载："隋末唐初，佛教处于极盛时期，

县境中的大部分佛寺均为这个时候所建，如云峰寺、碧谷寺、千佛寺、千佛洞等。到唐武宗会昌五年（845年），武宗帝李炎认为佛教是极大的负担，下令灭佛，但未诛杀僧尼，让其大部还俗，并将寺庙的铜佛收官铸钱。当时，本县境内的佛寺大部被拆毁，僧尼全部还俗。后唐时，县治迁址今城，遂因浑河源头而得名浑源县。浑源当时出了一位皇后刘氏，是后唐末帝李从珂之妻。刘氏家族为了光宗耀祖，感谢佛祖保佑，遂在浑源城大兴佛门寺庙。金、元、明、清，浑源的佛教已衰，所建寺庙不多，仅维修而已。尤其是明代，重道轻佛，县境的佛教更趋衰落。有清一代，虽然崇佛，但因立喇嘛教中的黄教为国教，而浑源的佛教属禅宗，故未得到发展，为示清平，只是对寺庙草草修葺几次而已。"也因此可以断定，永安禅寺原址上，原有的寺院是在后唐时期初创，以《寰宇通志八十一》中对永安禅寺的记载："永安寺，浑源州治东北，金建，后遭火焚，寺废僧亡。"寺内元至元三十一年《神州大永安禅寺铭》碑石记载："成大丛林尊师为第一代"。"神州大永安寺者古之道场经烽火后僧亡寺废"，是金代毁于烽火。《浑源县志》记载："后唐时，县治迁址今城，因浑河源头而得名浑源县。"《元史》记载："1211年秋，蒙古骑兵三千追赶金兵至浑源州境翠屏山上，县域归元。"永安禅寺传法正宗之殿匾额记载：元延

祐二年高璞建传法正宗之殿；明嘉靖二十二年郭江重修；明万历十五年郭恒禄重立此匾；清乾隆二十六年重创并修。北京西山潭柘寺塔院幢塔《浑源州永安禅寺第一代归云大禅师塔铭》记载："容庵老人得临济正派，以大手股本分炉捶锻，炼法子十有七人。其道行襟带杰然有闻，足以光佛祖庭、拳龙象者，浑源州之永安第一代归云大禅师是也。"

1242 年，忽必烈请海云印简大法师赴帐下，问佛法大意。海云印简趁此进谏，请忽必烈广求天下大贤硕儒，咨询古今治乱兴亡之道。忽必烈深为折服，不仅从之受菩萨大戒，而且赐以金缕袈裟，奉以师礼。而海云印简正是中和璋的得法弟子，中和璋与归云宣禅师是容庵海老人法嗣，故海云对归云大禅师以师叔礼待之。期间，归云大禅师于 1242～1246 年重创永安禅寺，并以临济正派传法。临济正派因海云印简得到蒙古皇帝的推崇，到元中期敕命赵孟頫撰《临济正宗碑》，将容庵—中和璋—海云及嗣法弟子奉为临济正宗，但因明，清两代不认可禅门，所以临济法脉在僧史中记载极少。1253 年，八思巴应召在六盘山谒见忽必烈，忽必烈从八思巴接受萨迦派喜金刚灌顶，以八思巴为上师，执弟子之礼。1289 年，高定之孙宣武将军高琰邀请归云宣禅师之孙西庵长老完备永安禅寺山门五楹，因 1258 年在佛道辩论会上，以

八思巴为首组成的十七人团队胜出，藏教备受欢迎，始以藏教传法永安禅寺。在 1289 年完备山门的时候，恰逢忽必烈的母亲在全国推广景教文化，景教在中央设立崇福司，和佛教、道教一样，可以自由传教，并在全国大力推广。永安禅寺为了迎合政治的需要，在空门殿刹上立伊斯兰建筑风格，意喻景教文化的标识。1315 年，高定之孙高璞创建传法正宗之殿，同年，雪庵和尚书"传法正宗之殿"匾额。殿内正壁亦是以藏传佛教为主体绘画十大明王的内容。传法正宗之殿殿内正壁十大明王壁画中没有任何题记，而东西两壁和南壁的壁画中，每一组都有姓氏落款，这些落款的名字都是捐钱人，在整个壁画中没有画师的落款。依据《永安寺置造供器记》碑记载，清康熙十五年至二十六年期间对传法殿壁画进行了补修补绘，而且在东西两壁和南壁的绘画中也发现了部分的补修补绘痕迹，正壁十大明王壁画中未发现有大规模的补修补绘痕迹。从史料中也未找到有明朝时期对传法殿壁画的绘画记载，而且明朝时期国家严禁汉人信奉藏密。从以上两点推敲，正壁绘画的十大明王是保留了元代的原创绘画。1951 年宿白先生在《雁北文物勘查图报告》中的记载："殿内外梁架、斗拱、拱眼壁和当心间的平棊藻井、天宫楼阁上的彩画颜色鲜艳，都是乾隆以后所重绘。东西两壁画水陆神王，这种佛道混合的图

画,也不是清以前的作品。后域画十大明王,巨壮诡怪,笔力飞动,不像明以后作,但线条有复笔痕迹,知经后世重描。"宿白先生记载的东西两侧壁画是乾隆以后重绘,与《永安寺置造供器记》记载的时间上虽有出入,但差距不大。

浑源县自明弘治二年始有州志以来,经后世多次修编,虽记载明清时期对寺院有过重建、建造、修缮等言辞,但是,虽经后世修缮,传法殿几乎是原创,只是大殿的琉璃瓦当,在清代乾隆时期曾经替换过。东西配殿前廊柱柱高保留了金朝火焚之前的规格,天王殿、东西垛殿虽然是清代重建,亦保留有元明时期的构件。

传法殿四周墙壁保存完整的水陆画面积有 186.9 平方米,绘画水陆人物 135 组,895 尊,以红黄两色交替并列,形成八幅内容,可用来研究佛教寺院及元、明、清历代战争之后安抚边关、超度往古的大型水陆法会仪轨。寺内塑像已经毁坏,传法殿内原塑像因粮库占用毁于 1966 年,空门殿内原塑像因工读中学占用毁于 1952 年,天王殿内原塑像毁于新中国成立前,第三进院原铁佛殿因战争毁于 1945 年,东西垛殿及配殿殿内塑像毁于 20 世纪 50～60 年代。山西省古建筑保护研究所于 1999 年开始历时 5 年对寺院进行了整体修缮。大殿彩绘虽未重描,但经国家文物局文研所专家郑军带队,于 2001 年 6 月 4 日至 10 月 27 日用 2% 的聚醋酸乙烯溶液回贴彩画翘起部位,对壁画进行了保护处理。

《恒山脚下的水陆道场:永安禅寺》一书,是在 2016 年编著的《永安寺壁画》的基础上,进一步深入考究,谨慎推研编著而成的。这一份成就来自于县委、县政府、恒管委各位领导的大力支持,我爱人张翠凤对我没日没夜的"不顾家"给予的一份溺爱,还有诸位游客和同道好友的无私点拨,在这里向他们道一声衷心感谢!

书中内容若有不妥之处,恭请斧正!

2018 年 8 月 18 日

永安禅寺

一　永安禅寺建筑

永安禅寺，亦称永安寺，俗称大寺。《寰宇通志》卷八十一中记载："永安寺，浑源州治东北，金建，后遭火焚，寺废僧亡。"现存寺院重建于元代初期，是恒山脚下浑源县古"十大佛寺"之首。寺院位于山西省浑源县永安镇鼓楼北巷原永安街北端，北纬39.42°、东经113.41°、海拔1093米。历史上已建成南北长约125米、东西宽52米，占地面积6500平方米的三进院，第三进院毁于1945年。现存两进院是当前极为罕见的，保存完整的山门五开元代建筑，1986年8月被列为山西省重点文物保护单位，2001年6月被列为全国重点文物保护单位。

依据《神州大永安禅寺铭》碑石记载："神州大永安寺者古之道场经烽火后僧亡寺废"。《元史》记载，1211年春，成吉思汗率兵攻打金国，当年秋天，蒙古骑兵三千追赶金兵至浑源州境翠屏山上，县域属蒙统辖。之后，本郡节师云中（今大同）招讨使、都元帅、永安军节度使高定，携长子乐善居士高仲栋，在原有寺院的废墟上重创利乐众生，超度亡魂的水陆大法会道场。父子初建寺院，因不得法，难成大丛林，于1243年春，敬请归云宣禅师（1188～1246年）在原有废墟上创建元代重众教思想下的寺院。《神州大永安禅寺铭》记载："师欣然而来，驻锡不数年并建佛殿、云堂、方丈、府库轮奂一新，成大丛林，尊师

为第一代苾刍事精严动有师法。"1246年6月4日，归云宣禅师圆寂时，寺院七堂之规模已建成。归云宣禅师召乐善居士曰："吾与此寺所抚有三殿，今圣容三门藏教未得完具，他日儿孙当有继我者。"并传位于弟子懒牧悟归住持永安禅师。

永安禅寺自1246年归云宣禅师功德圆满，清净寂灭时，到1289年之间，虽经过数大主持，寺院一直不能振兴，且一时之间，斋粥尚尤不饱。1289年，高定子高仲挥子宣武将军高琰，闻归云宣禅师重孙是保德州承天寺云溪嗣法西庵长老，是有德宗师。驰疏邀请果然而来，不数年，以藏教传法，创建大解脱门五楹，藏教焕然成一时之壮观。以藏教传法，是因为八思巴于1256年，应召在六盘山谒见忽必烈，忽必烈从八思巴接受萨迦派喜金刚灌顶，成为藏传弟子，并以八思巴为上师，执弟子之礼，1260年忽必烈继任蒙古汗位，封八思巴为国师。事隔多年，于元延祐二年4月（1315年），大功德主高定之孙将仕郎前本州判官高璞不懈努力，重建传法正宗之殿，至此，完备了规格极高的前后三进院初步格局，一时成为大丛林。期间，永安禅寺先后有过从五品奉训杜侯、西庵长老（1289～1294年住持永安禅寺）、月溪（1315年～1342年住持永安禅寺）、觉亮等多位高僧住持寺院，于1322年大元朝第五任皇帝英宗曾经在寺内留宿，成为永安佳话。

主殿"传法正宗之殿"匾额是元朝初期国朝禁

匾之人，时昭文馆大学士荣禄大夫掌诸路头陀教特赐圆通玄悟大师雪庵溥光书，传法住持嗣祖沙门月溪觉亮立。雪庵和尚，俗名李溥光，字玄辉，曾于1287～1303年耗资十万余缗，主持修造元大都的首座寺院胜因寺，他的纸本草书《石头和尚草庵歌》现收藏于上海博物馆。清道光本《大同府志》卷十七里记载："李溥光，幼出家为僧，号雪庵和尚，喜读书，经传子史，无不淹实……至元间，奉诏蓄发，授昭文馆大学士，著雪庵集帖行世。"

　　传法正宗之殿是永安禅寺的主殿，面阔五间，进深三间，殿身四周檐台宽阔，月台宽大，大殿为单檐庑殿顶。屋顶四坡覆盖琉璃瓦饰，正坡以黄色琉璃为主，东西两侧与后坡以蓝色琉璃为主，四周为蓝色琉璃龙饰瓦当。殿身正面梢间的外墙上，寺院主持月溪和尚，俗名段士达，于1342年5月书高3.8米的"庄严"大字。张煊在传法殿后壁次间与梢间，于1780年5月书高3.8米的"虎啸龙吟"，在天王殿后壁梢间书高2.3米的"法相"大字，这八个榜书大字成为当今全国寺院与庙观中独具特色的文化，成为寺院的画龙点睛之笔。八个大字中的"法"字因墙倒之后没有保存下来，其他七个大字至今保存完好。

　　传法正宗之殿坐落在高筑的台基之上，前檐明间与东西两侧的次间为隔扇门，前檐明、次间的隔扇门均为六扇，上为斜棂花格子，下为裙板。明间的六扇门均高3.65米，宽0.84米，东西两侧的次间隔扇均高3.65米，宽0.65米。后檐设置板门一道，门框外加宽大的颊，做工考究，精致。后檐台正中筑七步石级，是通向第三进院的主道；殿内四面六壁满布巨幅工笔重彩壁画，整个壁画色泽绚丽，古朴庄严，人物刻画细致，表情栩栩如生，布局合理，绘画了比较完整的大型水陆法会道场，整体绘画分为8组内容，包含135组水陆故事，895尊水陆神灵。殿内正面墙壁东西两侧绘有藏密十大明王尊。藏密在明朝期间，政府严禁汉人信奉，而在永安禅寺的碑石记载中，殿内

壁画于康熙年间曾经重绘。宿白先生在1951年的《雁北文物勘查团报告》中同样提到了平棊藻井，天宫楼阁上的彩画颜色鲜艳，都是乾隆以后所重绘。东西两壁画水陆神王，这种佛道混合的图画，也不是清以前的作品。后域画十大明王，巨壮诡怪，笔力飞动，不像明以后作。以此推测殿内藏密十大明王尊壁画是元代绘画的作品；斗拱之间的墙壁上内侧素描绘画龙图腾，外侧素描绘画坐佛与龙图腾画面；殿内正中砌砖台，建须弥座，座上原有横三世佛塑像，塑像特别高大，仅正面东侧的药师佛，一只手就可以坐四个小孩玩抓子的游戏，加上东西两侧的四大菩萨，二天王塑像，更加辉煌。梁架下悬塑二飞天，可惜这些精美的塑像，在1966年9月，因粮库占用大殿，被全部毁坏。现大殿存四面六壁壁画、天宫楼阁、藻井、斗眼壁绘画。

传法正宗之殿前檐台高1.31米，前檐西侧台宽2.01米，东侧台宽2.09米，台总长30.50米，从东至西逐渐变窄；后檐台高1.11米，后檐西侧台宽1.95米、东侧台宽1.99米，台总长30.47米，从东至西逐渐变窄；东西两侧檐台因地形从南至北逐渐变高，在视觉中形成台高不一致，但是檐台的台面实际上是水平的。东檐台宽2.02～2.01米，总长20.10米；西檐台宽1.91～1.98米，总长20.09米。檐台四周压檐石宽34厘米，厚18厘米；四角压檐石长宽均为60厘米，厚度同样是18厘米。传法殿通面阔26.58

米，总进深均约16.08米；当心间（明间）面阔5.99米，东侧次间面阔4.72米，西侧次间面阔4.77米，东侧稍间面阔4.99米，西侧稍间面阔5.11米。殿身四周有檐柱16根，殿内有金柱4根，屋檐四角檐柱柱高分别是4.67、4.66、4.68、4.67米，殿内金柱柱高约8.60米，明间与次间檐柱柱高分别是4.63、4.57、4.59、4.63米。柱顶全部做成卷刹，柱间施阑额连接。大殿前檐稍间，后檐次间、稍间，东西两侧全部砌墙，内墙绘画精美的水陆壁画，外墙书"庄严""虎啸龙吟"六个大字，正面墙高4.13米，东西两侧墙高4.06米。从墙体里外四角观察，砌墙是逐渐向墙体中心收缩，整体在视觉上呈元宝形。柱头施普拍枋以承托斗拱。斗拱用材硕大，规整严谨，周围共设34垛分布于四面檐柱柱头及柱头之间。补间斗拱明间为两垛，其余皆为一垛。稍间转角铺作与补间铺作做成鸳鸯交首拱；转角铺作以三个栌斗相互构成，上部全做成鸳鸯交首拱，承载撩檐枋。殿前檐台下探16厘米，用青砖铺设月台。月台高0.70～0.73米，南北宽7.91米，东西长22.52米，四周压檐石宽34厘米，厚18厘米，东西两角压角石的长、宽均为50厘米，厚度同样是18厘米，月台正面正中与东、西两侧靠大殿前檐台为青石砌的七级台阶。大殿屋顶正脊居中设置殿刹，内立牌位，正面书"天地三界十方万灵真宰"，背面书"乾隆四十五年"。阁楼上立狮驮宝瓶，左右是白象驮宝珠。殿刹东西两侧置仙人各5尊，共有

10 尊仙人，中间的八尊是传说中的中八洞神仙铁拐李、钟离权、吕洞宾、张果老、曹国舅、韩湘子、蓝采和、何仙姑。东西两边是佛教的二位护法天王，体现了北岳恒山脚下的永安禅寺传法正宗之殿融合众教普度众生的真实意义。

传法正宗之殿殿内仅以三分之二处立四根金柱支撑，把三分之一处的四根金柱减去，在金柱至前檐柱之间大梁跨度 9.66 米，前梁架连接前柱与金柱，承载屋顶六架椽，以金柱为线分割成前四后二的空间，扩大了殿内的活动场地。四椽栿前端伸至斗拱之上，后端穿插于金柱之上，后乳栿前端伸至后檐斗拱上之，后尾穿插于金柱之上交于四椽栿下，金柱顶部连接搭牵承托屋架。次间内置推山构架，两山面各置丁栿两根，前端交于东西山墙斗拱之上，后尾置于四椽栿上，丁栿上部置驼峰、攀间斗拱、下平桁。四个屋角安置抹角梁，与柱框成 45 度三角形斜置于稍间斗拱之上，承托老角梁后尾、攀间斗拱、下平桁与续角梁。在整个横向结构上，殿内梁柱，梁栿与梁栿，梁栿与各个檐桁交接点均施襻间铺作、驼峰以承托逐层梁架，用穿插枋连接各个构件。明、次间纵向构件及推山构架

的纵向，除用桁作为联系的构件外，上、下平桁利用襻间枋作为构架的纵向联系构件。殿内明间顶部设置精巧藻井斗拱，次间与稍间为彻上露明造。藻井顶部为八角形，中心为井底盖板，顶部斗拱为小木作雕刻而成，分为两层。第一层一周共有 44 垛，第二层一周共有 24 垛，两层斗拱上承托井口枋，中心为八角形井口，当中浮雕两条盘龙，正中圆形直径约 18 厘米，贴金箔。中层为小木作雕刻而成的天宫楼阁，正面仅设佛龛，龛下斗拱为小木作雕刻，共有 14 垛；东西两边各雕刻庑殿顶三座，夹屋三座。天宫楼阁雕刻小巧，绘画精美。柱顶安装小木作斗拱，全部楼阁又置于下部小木作斗拱之上，下部斗拱 33 垛承载天宫楼阁，楼阁之上斗拱 26 垛，阁内门窗绘画 14 组人物，背面绘画五方佛。东西两侧形制相同，只是西侧绘画损毁严重，背面五方佛已无存，东侧楼阁前后两面的绘画保存比较完好。顶部藻井前，正中又置六边形藻井，周围小木作斗拱 20 垛承托井底盖板，盖板绘画四爪的二龙戏珠图案。整个当心间顶部施以天宫楼阁与藻井，东西对称配以悬塑飞天二仙女，布局合理，结构精巧，美观大方，犹如空中仙楼玉宇，使殿堂更加壮

美。传法殿梁架用材规整，殿堂宽大，虽经数次修缮，但其主体建筑特点与绘画艺术是一组既比较完整又有研究价值的元代杰作。

永安禅寺自高定于1243年春邀请归云禅师重新恢复以来，到1315年高定之孙高璞创建传法正宗之殿以后，明弘治二年（1489年）始有县志，清代多次修编州志，记载关于永安寺资料。"高定……仕元，至永安军节度使"。"永安寺……国朝洪武十六年修"，"永安寺、明洪武间，置僧道司，并报国寺入也"，万历重修地藏王堂碑记："万历庚寅……州僚损赀……

重修。"焚修碑记载:"旧有永安寺,兵焚后……幸我郡宣公,讳喻齐,三韩人,来莅兹土,捐金(兴建)……告竣。"康熙年间重修永安寺碑记记载:"戊子夏,余(马象观)奉命牧浑,偶一至焉,日击颓垣败瓦……首倡兴修。"乾隆年间重修永安寺碑记记载:"历久荒古,恐遂至于泯灭……首捐金……末旬日,金钱毕集,洒量度旧址,图画今制,鸠工庀材,择能而才者董其役,至壬午冬十月工竣。"嘉庆年间创修重修碑记记载:"嘉庆十年……重修寺院"。"清末民初更形冷落,后殿铁佛舍倒了,连正殿都日渐倾斜,无力修缮了。"1999年,山西省古建筑研究所历时5年时间进行了整体修缮,并对壁画采取了回贴和清洗处理。

《寰宇通志》记载,高定对诸子说:"吾蒙国恩,到位侯伯,布衣之丞,曷敢久贪爵宠乎?"遂解印绶,致士而去。乾隆《大同府志》卷二十二又补充:"定长于吏治,所至奸宄屏迹。"在《浑源县人物志》中记载:"高定晚年辞官返回故里,曾对儿子们说,我蒙受国恩,位至侯伯,这是平常人最高的地位了,怎么敢长时间地贪图爵位和恩宠!"高定有二子二孙,长子高仲栋,次子州执节高仲辉,长孙高仲栋子州判官高璞,次孙高仲辉子宣武将军高琰。

永安禅寺第一代大禅师归云宣,在北京西山潭柘寺搭院归云禅师塔幢"浑源州永安禅寺第一代归云大禅师塔铭"及浑源永安寺"大永安禅寺铭"记载,永安禅寺始称于高定自号"永安居士"而得名于元朝初期。金朝时期火焚寺院之前的寺名,因无处考证而失传。塔铭中还记载了归云宣禅师是"临济正派"(当时还未称"临济正宗")容庵老人十七法子之重要弟子,道行深厚足以光佛祖庭,于1246年6月4日59岁寿终,侍佛33年,得法子如容庵十七之数。归云大禅师灵骨舍利百数分葬于永安、潭柘、玉泉、柏林四道场。以四道场先后排序来推敲,可见当时"永安"的位置是很重要的。寺内保存的元碑记载:"藏教焕然成一时之壮观,遐迩见闻,欢未曾有。"说明在元朝初期已经从临济正派改藏传佛教为主传了,如今殿内正壁十大明王的绘画就是一个例证。

永安禅寺是一处现存规模较大的元代建筑群,也是规模较大的水陆壁画场所和极为罕见的五开门式寺院。寺院方正威严,山门五开,延中轴线的殿堂是面宽五间,东西两侧的建筑左右对称,主次分明。从山门至第三进院的当心间,开后板门递进到下一个院落,且在殿的东西两侧又配垂花门亦可递进到下一个院落。寺内所有屋脊都是精美的浮雕。2009年7月26日,时任中国佛教协会副会长兼秘书长、藏传佛教学衔工作指导委员会副主任学诚法师(俗名傅瑞林)考察永安寺的时候说,永安禅寺的完整建筑应该是七进,次日笔者现场度量,从寺前至北城墙根部,恰好有可容纳七进院的空间,符合七进院建造格局。

二 寺院格局与文化

永安禅寺整体建筑坐北面对恒山主峰玄武峰,沿中轴线主次分明,方正威严,左右对称,布局严谨,古朴壮观。宏大的殿宇使人不由得肃然起敬而不敢高声语、恐扰禅门"净"。寺前建筑原有清康熙十八年期间创建的"亲保善林"牌坊,还有建于1158年保存完整的高达九层30多米的释迦舍利仿木密檐式八边形砖塔。寺内沿中轴线的主要建筑是:山门、天王殿(第一进院主殿)、瞻仰楼、月台、传法殿(第二进院主殿)、铁佛殿(原第三进院主殿)和放生池(寺院西侧、俗称大水坑)。在中轴线东西两侧,对称地建有琉璃二龙戏珠八字墙、五脊六兽垂花小门、东西垛殿、钟楼、鼓楼、东西配殿、禅房、碑廊等古建筑。因高定自号永安居士,又名高永安,同时也希望永远平安,寺院于元朝初期始称永安禅寺,隐意为国泰民安、永远不再有战争,此名一直沿用至今。

(一)解脱门

宣武将军高琰邀请归云禅师重孙云溪嗣法西庵长老,于1289年创建大解脱门五楹,即空门、无相门、无作门和东西两侧的方便门。空门、无相门、无作门自成一体,形成面宽五间的悬山式屋顶,上置黄、

绿、蓝三色琉璃筒板瓦，正脊居中置殿刹为景教内容。空门居中，面宽三间，内塑二天王像。宿白先生在1951年《雁北文物勘察报告》中写道："门内二天王塑像也比较生动，不像明以后物。"门内二天王塑像因东侧塑像主干腐蚀倾斜，于1952年，被当时工读中学学校师生一并拉倒毁坏。无相门、无作门位于空门东西两侧，再侧是东西方便门，亦称接纳门、引导门、耳门。

（二）天王殿

天王殿是第一进院的主殿。面宽五间，中开过门连接二进院的瞻仰楼。天王殿是歇山式卷棚顶的大悬山式建筑，屋顶虽然是青灰筒板瓦装饰，但其庄严之处不失威仪。殿内两侧原塑四大天王，正中塑弥勒菩萨，背后塑手持金刚降魔杵的韦驮菩萨面北而立。天王殿即是前院的主殿，又是第二进院瞻仰楼的后台。天王殿两侧巧建五脊六兽垂花小门通向中院，前后屋檐下起斗拱，屋顶五脊六兽堆花砖雕，东西两端建有碑廊、东西配房和东西南僧房，独自完整地形成了第一进院。

（三）传法正宗之殿

传法正宗之殿即是第二进院的主殿，也是整个寺院的主殿。殿宽五间，进深三间，是单檐减柱式庑殿顶。上覆以黄色为主色调的黄、绿、蓝琉璃筒板瓦。因庑殿顶是"四出水"的五脊四坡式，故又称五脊殿。屋顶正脊居中置宝刹，内书"天地三界十方万灵真宰"，背书"乾隆四十五年"。殿身坐于高大的基座上，前设宽阔的月台，分设三面石阶。两侧建有硬山式屋顶的东西垛殿各三间，东西配殿各七间。东西配殿南端两角分别是钟楼、鼓楼，钟、鼓楼是二层阁楼式歇山顶，歇山顶共有九条屋脊，即一条正脊、四条垂脊和四条戗脊，因此又称为九脊顶。正南建瞻仰楼，瞻仰楼是歇山式卷棚顶。瞻仰楼的歇山式卷棚顶与天王殿大悬山式屋顶前后相连，构思巧妙，自成一体。

传法正宗之殿殿内砌高台建须弥座，上塑巨大的金身横三世坐佛，1951年宿白先生在《雁北文物勘查图报告》中写到："金柱间砌扇面墙，墙前砌大砖台，上置须弥座三，上塑三坐像，小砖台二，上塑阿难、迦叶。大砖台外侧，东西又各斜排三砖台，上塑四菩萨和二天王。"他在对殿内塑像的评价中写道："殿内佛像，大概都是旧塑，但历经后世修饰，所以有的显得呆板，须弥座上的三坐佛，就是如此；佛侧的阿难、迦叶和菩萨，比较生动，外侧的天王更为雄壮，但是能保持原来姿态的是当心间四橼栿下悬空向佛做礼拜状的二天女，线条柔和优美，最是妙塑！"

当心间起藻井，四椽栿上建天宫楼阁，可能是受地域文化的影响，取悬空寺悬空之创意，创建了结构玲珑、精巧美观的楼阁。可惜，殿内塑像，因储备粮食，于1966年9月全部毁坏。斗拱之间的墙壁上内侧绘画龙图腾34组，外侧绘画坐佛和龙图腾34组。四椽栿上天宫楼阁背面彩绘降魔坐十方佛，分列东西两侧，西侧五尊已毁坏，东侧五尊如新，为清康熙初期绘画。

（四）宗教文化

永安禅寺体现的是元朝时期在重众教思想下的一个包容文化。在传法殿壁画中就绘画了大乘佛教之藏传佛教、汉传佛教、道教、儒教和萨满教文化，加上在空门屋脊殿刹中建造的寓意景教文化特点的伊斯兰建筑分格，在永安禅寺形成了众教融合的文化体系。史料记载，景教传入中国之后的兴衰，很大程度上取决于唐王朝的政策。唐贞观九年，唐太宗特许景教徒在长安建庙寺传法，至唐武宗会昌五年的二百余年间，虽可谓景教的全盛时期，但也非一帆风顺。其间至少出现过三次危机，一是武则天圣历年间；二是玄宗先天年间；更为严重的是第三次德宗建中年间士大夫对景教发动猛烈攻击，幸得皇帝干预，才使景教免遭厄运。然而好景不长，会昌五年（845年）武宗灭佛，祸

及景教，寺院被毁，中国信徒被迫放弃信仰，外来宣教士被驱逐回国。在北方少数民族地区，因乃蛮族、克烈族、汪古族等部族都举族归依景教，幸而留存了下来。此后，在元朝初期，因成吉思汗的第四个儿子拖雷的妻子是景教徒，她又是蒙哥和忽必烈的母亲。由于她在1298年极力推广景教，不少色目人随之来到中原地区，使景教第二次传入，在中国又重新兴起。处于军事要塞的永安禅寺在山门殿刹立伊斯兰的建筑风格，就是景教文化的标志。景教当时为了顺应中国国情，甚至开了祖先崇拜的先河"为生者祈求息灾延命，又为死者祈求冥福"的活动。景教在蒙语中称为"也里可温"，汉语中意思是有福缘的人。就是说，进入永安禅寺的众生都是有福缘、有福报。因为福与佛同音，也就是说，进入永安禅寺的众生不但有福缘、有福报，而且还有佛缘。明朝建立后，明太祖朱元璋大力扶持儒、释、道三教，对其他宗教进行了压制，景教也因此再度衰微。

永安禅寺在元初创建大型水陆法会的场所，以超度天地三界十方万灵，普济水陆六道回生中中有情众建寺立庙，安抚边关民众。以天地三界十方万灵，水陆六道回生中中有情众平等脱离轮回之苦，开设道场祭度亡魂，使众教神灵共同参与超度众生脱离苦海，永驻极乐世界。法界圣凡水陆普度大斋胜会，是中国

佛教经忏法事中最隆重的一种。"水陆"是指水陆空三界众生受报之处中的水陆二处。"普度"是指六道众生悉皆度化，使之解脱。"大斋"是指施食。"胜会"是指如此救度者与被救度者集会于一堂，食与法都在一起，普摄受苦众生。依据《敕修百丈清规》等规定，禅宗例年应修的法会如下：庆祝圣寿万岁的祝圣会，纪念佛陀诞生或成道等的佛降诞会、成道会、涅槃会，帝王忌日所修的国忌会，祈求晴雨的祈祷会，祈安居如意的楞严会，祈禾苗生长的青苗会，其他尚有观音菩萨圣诞会、达摩忌会、百丈忌会、开山历代祖忌会等。

元代延佑三年（1316年），朝廷设水陆大会于金山寺，《元史》卷二十八记载，英宗至治三年（1323年），下令在京师万安寺、庆寿寺、圣安寺、普庆寺，扬子江金山寺，五台山的万圣佑国寺作水陆佛事七昼夜；这一次规模十分大，有41位善知识，1500比丘僧。此外，大都（今北京）吴天寺、五台山、杭州上天竺寺等南北各地，都曾举行盛大的水陆法会。诸愿是有关庶民、农民、医卜、商贾、奴婢、军人、屠沽、师巫、伶优、娼妓等社会各阶层，正业者各务本业，邪业者恢复正业，一切农工医商等，都不能颠倒先后次序。又对于死于非命者，如战死者，罹难者，无实之罪而刑死之人。虎狼毒蛇、盗贼、风火水难之害而死之人，此等非命而死之人均发慈悲不对人加害之愿。中毒死亡、自杀者，依水陆法会的功德，得以复归平稳生活之愿。

（五）传承文化

永安禅寺在元朝初期创建时期，是一个以佛教文化为主体，以超度天地三界十方万灵，普济水陆六道回生中中有情众众生亡魂而设立的"水陆法会"大型场所，是一处融合各种宗教文化的活动场所。水陆法会是历代帝王推崇的镇边圣物，特别是战争之后为了超度死亡将士，是朝野常行的一种法会。每年正月十六、清明节、七月十四、十五、十六是永安禅寺开设道场、普济群灵的常规庙会。开设水陆道场亦可因时、因事而随时决定日期的长短，一般为七日，或者一日、三日、半月。同时，因为永安禅寺在元朝初期以临济禅宗创建以来，在寺院中接纳了景教、藏传佛教、汉传佛教、道教、儒家、萨满教文化，历史上永安寺的宗教活动是一个多元性的融合活动。

三 寺院与水陆法会

（一）寺院的寓意

寺院是四众菩萨进入佛道中的阶梯，在佛教中认为，未入佛教寺院的众生都被统称为俗人，进入寺院后的第一个层次就是表示由俗入清，第二个层次表示由清入静，第三个层次表示由静入极。众生在不断的精进过程中，层次逐渐提高，在布施、持戒、忍辱、精进中达到自如，进入禅定中的真智慧。所以说，静并非特指静止不动，而是指能够扫除一切外来的干扰和诱惑，一心修佛性，习佛理而安稳不动如大地的人。极即"极乐世界"，亦称佛界，是指信仰佛教的人，通过修行而获得正果，往生于东方净琉璃世界或西方极乐世界的无痛苦、无危难的世界，又称无欲无为、无思无想处。在佛教中的另一种思想认为，万有灵物，由外在的体和内在的灵魂两个部分构成。修成正果，外在的体（有形的物）灭亡后，内在的灵魂（无形的思想）不灭。在这里天地三界十方万灵及六道回生百众没有高低贵贱之分，都是平等的，都可以平等接受佛的教化，听到佛所说的"绝对真理"，循此真理而达到佛的觉悟；循此境界，勤修六度，在佛的慈光照耀下到达佛的世界。

（二）水陆法会

水陆法会，全称"法界圣凡水陆普度大斋胜会"，略称为"水陆会"是汉传佛教的一种修持法，也是汉传佛教中最盛大且隆重的法会。水陆法会起源于南北朝时的梁武帝，经唐朝密教的充实发展，直至宋、元、明成熟定型。永安禅寺水陆法会道场的建立，是因安抚边关而创立的众教融合，体现了元朝重众教思想与皇帝的高度重视，并得以继续发展

水陆法会的形成源于魏晋南北朝时期的南朝——梁武帝。有一天，梁武帝梦到一位神僧告诉他："六道回生，受苦无量，何不作水陆（大斋）普济群灵？"梁武帝梦醒以后，召集群臣，将自己的梦境告诉群臣，但群臣间没有人能明白梦境的含意。这时，南朝国师宝志禅师认为梦境必有缘由，劝武帝广寻群经，以求答案。于是，梁武帝即于法华殿迎请各种佛教经典，早晚和宝志禅师一道批览群经，阅至"阿难遇面燃鬼王"的典故后，才恍然大悟。典故的大致内容是这样的，有一天，佛陀的弟子阿难在林间修习禅定时，忽然看见一位浑身皮包骨头、满脸火焰熊熊燃烧、痛苦异常的鬼王，来到阿难面前。阿难问他："你是谁？为什么来到这里？"鬼王回答："我叫面燃，特地来告诉你，你三天以后，也将堕落饿鬼道，和我一样痛苦。"阿难焦急地问："那有什么办法可以避免这样的果报呢？"鬼王告诉阿难："如果你能布施饿鬼，杖此功德，即可增寿，避免此果报。"阿难出定后，内心惊恐不已，忙向佛陀禀报。佛陀便教阿难《陀罗尼施食法》，使加持过的事物成为法供养，可以上奉佛法僧三宝，又能平等下施饿鬼等众生。食物经观想修法后，由少量观为无边无量，施食给所有的饿鬼众，消除众饿鬼的痛苦，令他们舍去苦报，生于天上，阿难因此获得解脱。梁武帝明悉这个缘由后，即与宝志禅师一道以《无量威德自在光明如来陀罗尼》施食法为核心，花了三年时间制成了水陆仪文。水陆仪文制成后，梁武帝便在宫内修建道场，于佛前不点烛，手捧仪文，向佛发愿道："若此水陆仪文能资助六道，广度有情，符合佛法，愿我礼拜后，灯烛不点自明；否则，则灯烛晦暗如初。谨启"发愿以后，武帝开始在佛前执礼。刚一拜，殿堂之内，顷刻之间灯烛自然通明，光照大殿；再次礼拜，宫殿微微晃动，示现安详；三拜完毕，天空飘下香花，示现少见祥瑞，梁武帝因此得大信心，更加坚定，于是在当时的农历二月十五日，在镇江金山寺，举行了第一次水陆法会。宋代水陆法会遍行全国，特别成为战争以后朝野举行的一种超度法会。元代在朝廷的扶持下，水陆法会的规模达到空前的盛大。元代延祐三年（1316 年），朝廷于金山寺设立的水陆大会，参加

的僧众达一千五百多人。明代因开国皇帝朱元璋为沙门出身，登基后对佛法以朝廷之力极力弘扬。明末云栖高僧袾宏依照志磐的《新仪》修改后，完成《水陆修斋仪轨》六卷，风行于世。清代高僧仪润又依照袾宏之意详述水陆法会，撰成《法界圣凡水陆普度大斋胜会仪轨会本》六卷。

水陆法会以上供十方诸佛、圣贤，无遮普施斋食为基础，救拔诸六道众生，并广设坛场，使与会众生得以其因缘与根器，至各坛听经闻法。故在法会中所供养、救度的众生，范围相当广泛，因此集合了消灾、普度、上供、下施诸多不可思议殊胜功德。

"水陆"之名，始见于宋遵式（964～1032年）的《施食正名》，谓系"取诸仙致食于流水，鬼致食于净地"（见《金园集》卷四）。

法界圣凡水陆普度大斋胜会的意义是：法界指诸佛与众生本性平等，理常一致，通称法界；圣凡指十法界四圣六凡。四圣即佛、菩萨、缘觉、声闻，六凡指天、人、阿修罗、饿鬼、畜生、地狱；水陆指水陆空三界中，因为水陆众生受苦最重，空中众生受乐较多，故普济着重水陆二界；普度是对六道众生悉皆度化，使令解脱饥饿之痛苦；大斋指不限制的普施众生饮食；胜会指除了施食以外，又有诵经持咒的法施，可灵令受苦众生心开意解得法水滋润，故名盛会。又"会"者，聚集之意，教渡者与被教渡者集会于一堂，饮食与佛法都在一起，故名为胜会。

水陆法会分为内坛佛事与外坛佛事，共分七个坛场。内坛是整个法会与四圣六凡交流的枢纽，普同供养法界一切有缘含识神灵，发愿度化一切有情，普利冥阳；外坛用于接引修行各种不同法门、根基的修行者。内坛的布置是，正中供奉毗卢遮那佛、释迦牟尼佛、阿弥陀佛；下置供桌，罗列香花、灯烛、果品供物。供桌前置四张长方台，台上放铜磬、斗鼓、铙钹、手铃及仪轨，分别为主法、正表、副表、斋主四人所用。内坛分隔成三间，为"地方界"、"方隅界"、"虚空界"，明确规划出坛场用地。内坛两侧分别悬挂上堂、下堂各十幅水陆画像（此乃《水陆仪轨》在旧制基础上增

订而成）。上堂十幅为：十方常住一切诸佛、十方常住一切尊法、十方常住一切诸菩萨僧等；下堂十幅为：十方法界、四空四禅、六欲天、天曹圣众、五岳四渎福德诸神等。上堂画像下方列插牌竿，详细记录每位圣凡的名称。牌上画有宝盖，下面画莲花，中间用黄纸连接；下堂则用红纸，以示区别；外坛的布置是，分别分设六个坛场：大坛，法华坛，净土坛，诸经坛，楞严坛，华严坛。

内坛法事的先后程序，一是结界洒净。皈依三宝，恭请诸佛降临护持道场。结"地方界""方隅界""虚空界"，明确规划出坛场用地。结界范围内有护法诸天守护，闲杂人等不得污犯，令坛场内外清净。从水陆首日三更天开始，先在外坛洒净，四更天于内坛结界。结界洒净后道场开启，众圣将临，当须内外净洁，洒净后金刚为墙，琉璃为地、宝幢为华。洒净结界后坛内行止有禁，不得高声嬉笑。二是发符悬幡。在首日五更天时，派遣使者建幡，昭请众圣神灵，昭告人天佛事将启。使者手持符牒、疏文，往天、空、地、冥昭请众圣神灵。升扬宝幡，高悬于大雄宝殿左前方的刹竿上，昭告人天。宝幡上书写：启建十方法界四圣六凡水陆普度大斋胜会功德宝幡。三是奉请上堂。在次日的四更天，请参与内坛的高僧上堂，五更天奉浴。恭请诸佛菩萨、缘觉、声闻、明王、婆罗门仙、梵王帝释，历代祖师，一切尊神等众降临坛场。四是奉供上堂。备斋筵、香花、灯、食衣、珍宝、法等，是为六尘妙供，如法供养。五是奉表告赦。为悲悯六道，五更天告达司事天神，祈求赦放被禁六道群灵莅临法会听经闻法，除患得安。六是召请下堂。六道既赦，众苦皆离，可赴盛会。第四日三更天请下堂高僧，四更天奉浴，五更天说戒。七是受幽冥戒。召请五岳河海大地鬼神、地狱众生诸鬼神众受幽冥戒、六凡众生等，来受法味饮食，同沾法益。授以一切鬼神六道受苦众生戒法，将夙昔所造的一切恶业经由忏悔而清净，可速往无量光明佛刹。八是奉供下堂。受戒以后，得清净识，得以入坛坐列，安享法味。第五日四更天，诵《信心铭》，五更天时，供养下堂高僧，午时斋僧。准备美味

素斋，宴请六道群灵，并为其诵阿弥陀经及念佛。九是放生。在第六日的四更天，主法和尚亲祝上下堂众僧，午前举行放生的仪式。十是供僧及送圣。第七日五更天，普供上下堂众僧，午时斋僧，未时迎请上下堂至外坛（圆满供：一齐斋供圣凡廿四席，法味滋神，六道群灵欢欣交畅。圆满香：胜会即将圆满，六道众生趁此出离苦海永不沉没）。为所有参加水陆法会的群灵说法、加持、供养后，回向使他们往生西方极乐世界。当接引亡灵同归极乐的西方船在袅袅香烟中燃起，水陆法会就此圆满。申时恭送诸佛菩萨及圣贤等众。

外坛法事是用于接引修行各种不同法门、根基的修行者。共六个坛场、讽诵大乘佛经，以七天为期。一是大坛。礼拜《梁皇宝忏》十二部，讽诵《药师经》、《金刚经》六十部、《梵网经心地品》二十四部。并依仪轨施放瑜伽焰口、斋天普佛，放生超度，功德广大无边；二是法华坛。讽诵《妙法莲华经》二十四部《大佛顶首楞严经》二十四部等；三是华严坛。默诵《大方广佛华严经》一部。阐扬佛世界的伟大，圆满成佛因，成就佛果；四是楞严坛。讽诵《楞严经》二十四部；五是净土坛。讽诵《阿弥陀经》、念佛、绕佛、拜佛等。祈求自身、亲人命终及亡灵往生净土；六是诸经坛。讽诵《佛说无量寿经》二十四部《观无量寿佛经》二十四部、《金光明经》二十四部、《大方广佛圆觉经》二十四部。阐述各种解脱法门，除一切横逆不顺与业障。

四　殿内塑像与壁画

（一）空门殿内两侧原二天王塑像

空门殿内东西两侧原塑守护佛门的二天王。相传在远古时代，有一个国王的夫人生了一千个儿子，最小的两个儿子为使兄长们顺利成佛，同时为了佛法不受侵害，便自觉自愿做了佛国的护持佛法之神。到明朝以后，原本是佛国里的两位护持佛法之神，却在《封神演义》的影响下，逐步演化成了形象威武凶恶、睁眼鼓鼻、上身裸露、体魄健壮、手持武器的大力士和大武士模样的两员虎将。一个叫郑伦，拜昆仑度厄真人为师，真人传给他窍中二气，将鼻一哼，响声如雷，并喷出两道白光吸人魂魄。另一个是陈奇，受异人秘传，养成腹中一道黄气，张口一哈，黄气喷出，见之者魂魄自散。在姜子牙封神时敕封他们镇守西释山门，保护法宝。后被佛教视为守护佛门的两位尊神而享受人间烟火，并称其为"哼哈"二将。此塑像于1952年9月，因主干腐蚀而被清理。

（二）天王殿内原四大天王、弥勒菩萨、韦驮菩萨塑像

四大天王，俗称四大金刚，肩负着风调雨顺的职责，成为五谷丰登、天下太平的守护者。在《封神演义》中的四大天王分别是，南方增长天王魔礼青，能让众生增长善根。他手持宝剑，护持佛法。因为他的青光宝剑有剑锋，所以掌管"风"职，其塑像身青色，传说他保护着须弥山的南赡部洲。东方持国天王魔礼海，慈悲为怀，保护众生，护持国土。他又是主乐神，手持琵琶，用音乐使众生皈依佛门。琵琶作为法器又是降魔的威力武器，因为他的兵器能发出音调，故掌管"调"职。其塑像身白色，传说他保护着须弥山的东胜神洲。北方多闻天王魔礼红，护持佛陀说法道场，因常闻佛法，故名多闻。他右手持混元伞，左手持银鼠。伞能遮雨，因此他掌管"雨"职。其塑像身绿色，传说他保护着须弥山的北俱芦洲。西方广目天王魔礼寿，能睁开天眼洞察世界，护持众生安宁。他手执一条龙或花狐貂，龙和花狐貂一样有纹鳞，隐意为顺，因此他掌管"顺"职。其塑像身红色，传说他保护着须弥山的西牛贺洲。由于四大天王各带领了两路鬼神，因此塑像的脚下都踩着两个鬼神，以示神威。传说四大天王各有九十一个儿子，他们共同守护着十方空间。四大天王手下还各有八个大将，他们负责管理山川、河流、森林中的鬼神和地方上的小神。

关于四大天王在佛教中还有另一种传说，护光佛在海边说法，看见两条龙悄悄浮出水面而不敢出来，于是护光佛问它们："你们是不是怕大鹏鸟？"两条

龙知道护光佛在此说法，一定有法力，想到这里，其中一条龙叫道："您快救救我们吧！大鹏鸟看见我们就会把我们吞下肚，我们只好天天躲在海底不敢出来。"护光佛笑着说："我早就知道了，如果你们能皈依佛门，我保证大鹏鸟永远无法伤害你们。"两条龙皈依佛门后，大鹏鸟又来了，但是这一次任凭它们怎样进攻，都无法靠近两条龙。两只大鹏鸟不知什么地方出了问题，叫妙音的大鹏鸟问道："你们俩学了什么法术？"两条龙高兴地说："我们受护光佛点化皈依了佛门，持守戒律，获得了法力，不再怕你们了。"大鹏鸟妙音和小音非常羡慕地问："这样好啊！我们也能皈依佛吗？"从此后两条龙和两只大鹏鸟成了同修的佛门弟子。临死前它们共同许下一个心愿："护光佛曾说过，马上会有一个释迦牟尼佛出世，希望我们能护卫他，并成为守护四方的神。"这两只大鹏鸟就是护持佛法的西方广目天王和北方多闻天王，两条龙则是东方护国天王和南方增长天王。后来两条龙和两只大鹏鸟多出现在佛殿的正脊上。

四大天王在佛经中还有一种说法。东方持国天王叫"多罗咤"，意为持国，持国的意思是以慈悲为怀保护众生，代表着守护。他手上拿着琵琶，说明他要用音乐让众生皈依佛教。我们都知道，想用琵琶弹奏出优美的乐曲，必须调整好上面的琴弦。调太紧会绷断，太松又弹不响。所以持国天王教化众生，处事要讲求分寸，恰到好处。 南方增长天王叫"毗琉璃"，意思是增长。增长天王教化众生要不断地追求进步，不管是智慧、技能，还是品德修养，都应该时时增长。如果人们供养他，就会收到这样的效果。西方广目天王叫"毗留博叉"，意思是有不平常的眼睛。广目天王的眉间长了第三只眼睛，据说非常厉害，不仅可以随时观察世界，护持人民，而且还带着毒气。只要身带恶气、心无佛根的人看见他的目光就会马上中毒，痛苦难当，从而皈依佛法。不过，由于他眼睛具有极大的威力，因此西方广目天王平时都会看着自己手中的法器，以免目光伤人。北方多闻天王叫"毗沙门"，意思是多闻。他是以福德之名教化四方。据说毗沙门

经常维护如来道场，时时能听闻如来说法，因此叫"多闻天王"。"毗沙门"在古印度教的神话中是一位天神，他不仅守护着北方，同时也是财富之神，因此他的另一个名字叫"施财天"。

天王殿内正中塑未来佛弥勒菩萨。弥勒是慈悲的意思，"慈悲"在佛经中意为除去痛苦给予欢乐。菩萨在佛教的地位仅次于佛。释迦牟尼佛说，他灭度后五十六亿七千万年，弥勒才会重降人间，在华林园龙华树下成佛，所以称他为"未来佛"。未来佛出世三次说法，广度众生，能使众生成佛。弥勒菩萨"开口便笑，笑古笑今，凡事付之一笑；大肚能容，容天容地，于人无所不容。""笑口常开，笑天下可笑之人；大肚能容，容世界难容之事。"充分体现了弥勒菩萨的性格特征，生动地表述了他宽容大度的高尚品德，启迪人们对人处世要心胸开阔，要有容人之量。

天王殿内韦驮菩萨于未来佛弥勒菩萨一前一后，前者是笑迎四方客的弥勒菩萨，后者是形象威严、手持金刚降魔杵面北而立的韦驮菩萨。韦驮菩萨是南方增长天王的八大将之一，居四大天王三十二神将之首。有关他们的结合还有一个很有意思的民间故事。相传弥勒、韦驮起先各是一寺之主，弥勒因笑口常开，香火极盛，但疏于防范，以至佛寺难以维持。而韦驮防外治内极严，但令人望而生畏，因而香火甚为冷落。佛祖释迦牟尼发现后，叫他俩在一起合作，一个负责对外接待，一个负责管理防外治内。双方开始都不大愿意，但合作一段时期后，果然香火旺盛、佛寺富足、佛法弘扬，从此弥勒菩萨和韦驮菩萨就长期合作了下来，他俩再也不愿分开。关于韦驮菩萨还有另外一个故事，相传佛陀涅槃时罗刹鬼盗取佛牙一颗，韦驮急追取还，赢得了诸天神众的赞扬，认为他能驱除邪魔，保护佛法。韦驮的武器是金刚杵，金刚又衍生出金中最刚的意思，说它坚固锐利，能摧毁一切，成为牢固不灭的象征和斩断烦恼、降妖除魔的法器，又称金刚降魔杵。而韦驮菩萨的姿势对于游方僧人来说是非常重要的，如果韦驮双手合十，金刚降魔杵横放在两肘之间，表示该寺为十方丛林寺院，欢迎僧人挂单，远

游僧可安心住下。如果韦驮一手握着金刚降魔杵拄地，另一手叉腰，表示该寺院不接待来僧挂单。因为北俱芦洲人不信佛教，所以韦驮的职责是专门护持东胜神洲、南赡部洲、西牛贷洲三洲的出家人，故又称"三洲感应"，备受出家人的尊敬。天王殿内所有的塑像因年久失修而毁于20世纪40～50年代。

（三）传法殿内原三世佛、四菩萨、二天王塑像

三世佛在佛教教义中分竖三世佛和横三世佛。竖三世佛从时间上体现了佛的传承关系是佛法永存、世代不息，他们分别是天王殿的未来佛祖弥勒菩萨、传法殿的现在佛祖释迦牟尼佛、原第三进院铁佛殿的过去佛祖燃灯古佛。横三世佛就是传法正宗之殿殿内神台上塑造的三尊金身佛像，是从方位划分的中央佛释迦牟尼佛、东方净琉璃世界的药师佛、西方极乐世界的阿弥陀佛。佛经中对竖三世佛的说法是，过去佛执掌天盘的时候，每年六个月，每日六个时候；现在佛执掌天盘的时候每年十二个月，每日十二个时辰；未来佛执掌天盘的时候，每年十八个月，每日十八个时辰。对横三世佛的说法是，由释迦牟尼佛普度众生，广种佛法。由药师佛和阿弥陀佛辅助释迦牟尼佛引导教化众生走上觉悟之路，达到解脱的目的而在死后往生东方净琉璃世界和西方极乐世界。这些精美的塑像为了在殿内扩大空间储存粮食而被毁于1966年9月，也因殿内储存粮食，壁画在"文革"期间得以完整保护。

（四）原铁佛殿内铁铸佛像

佛经中说，燃灯古佛出生时万道霞光普照，身体如光，大放光明，故名燃灯太子。他在过去庄严劫时成佛。在过去世中，燃灯如来是当时的教主，那时释迦牟尼正修菩萨道，为儒童菩萨，是燃灯佛的一名弟子，因曾经用七支五茎莲花供养燃灯佛，因此燃灯佛预言他将在九十一劫后的贤劫中成佛，号释迦文如来。原第三进院"铁佛殿"与"传法正宗之殿"建于同一个时期，铁佛殿内铁铸佛像是燃灯古佛，为过去佛祖。据当地老者说，殿内原有各式铸造佛像，数量众多而且主像高大，这些铸像因战争毁于1945年，铁佛殿因为毁坏殿内高大的铁铸佛像时被夷为平地。

（五）传法殿壁画

传法殿壁画因塑像毁坏而成为当前永安禅寺的主要亮点，整体壁画没有山石草木的衬托，只有火焰、祥云为背景，以红、黄两色，交替并列。四周墙壁绘画面积186.912平方米，水陆人物895尊，135组内容，形成八幅长卷，规模宏大，绘制完备，为佛教经忏法事之胜会。过去绘画水陆人物误传为882尊。殿内正壁绘画十大明王，分东西两组，每组五尊明王绘画在板门东西两侧的墙壁上，平均高约3.245米、平均宽约20.85米，绘画水陆人物37尊；东侧墙壁上绘画水陆众生63组，平均高约3.245米、平均宽约18.43米，绘画水陆人物477尊；西侧墙壁上绘画水陆众生62组，平均高约3.245米、平均宽约18.43米，绘画水陆人物381尊。东侧是以火焰为背景，西侧是以祥云为背景，他们绘画的水陆人物风格明显不同，说明是由两组画工隔帘同时绘画的，这种民俗绘画的竞争风格延续至今。

正壁东西两侧墙壁上绘画的十大明王分别是：大日如来佛变化的忿怒身是大威德不动尊明王；西方阿弥陀佛变化的忿怒身是大威德大力明王；普贤菩萨变化的忿怒身是大威德步掷明王；地藏王菩萨变化的忿怒身是大威德无能胜明王；马头观音变化的忿怒身是大威德马首明王；文殊菩萨变化的忿怒身是大威德焰发德迦明王；东方阿閦佛变化的忿怒身是大威德降三世明王；虚空藏菩萨变化的忿怒身是大威德大笑明王；南方宝生佛变化的忿怒身是大威德甘露军咤明王；未来佛主弥勒菩萨变化的忿怒身是大威德变观忿怒大轮明王。

东侧壁画是以上、中、下三层，从上至下、从右至左的前后顺序排列63组，分为四幅的内容。第二幅：天藏王菩萨3尊、无色界四空天众9尊、色界禅天众11尊、大梵天王4尊、欲界上四天主并诸天众11尊、功利帝释天主并诸天众10尊、东方持国天王

众 10 尊、南方增长天王众 7 尊、西方广目天王众 10 尊、北方多闻天王众 9 尊。第四幅：北极紫微大帝 8 尊、太乙诸神五方五帝 9 尊、日光天子 4 尊、月光天子 3 尊、金星真君 5 尊、木星真君 5 尊、水星真君 7 尊、火星真君 6 尊、土星真君 5 尊、罗睺星君 4 尊、计都星君 5 尊、紫气星君 6 尊、月孛星君 8 尊、黄道十二宫神 15 尊、十二生肖元辰众 15 尊、二十八星宿真君 32 尊、北斗七元星君 8 尊、普天列曜一切星君 9 尊、天地水三官众 9 尊、天蓬天猷翊圣玄武真君众 7 尊、天曹府君众 7 尊、天曹拿禄算判官 4 尊、天曹诸司判官 7 尊、年月日时四直使者 5 尊。第六幅：大威德菩萨 3 尊、阿修罗众 7 尊、大罗刹众 6 尊、罗刹女众 6 尊、旷野大将众 10 尊、般支迦大将 6 尊，巨畔孥众 6 尊，坷利帝母众 18 尊、大叶义众 7 尊。第八幅：大圣引路王菩萨 4 尊、往古帝王一切王子众 11 尊、往古妃后宫嫔媄女众 8 尊、往古文武官僚众 9 尊、往古为国亡躯一切将士众 8 尊、往古比丘众 7 尊、往古比丘尼众 8 尊、往古优婆塞众 8 尊、往古优婆夷众 7 尊、往古道士众 8 尊、往古女冠众 8 尊、往古儒流贤士众 9 尊、往古孝子顺孙众 13 尊、往古贤妇烈女众 8 尊、往古九流百家众 15 尊。

西侧同样是以上、中、下三层，从上至下、从左至右的前后顺序排列 62 组，分为三幅的内容。第三幅：持地菩萨 2 尊、后土圣母 4 尊、五岳神众 22 尊、四海龙王众 25 尊、江河淮济四渎诸龙神众 6 尊、五湖百川诸龙神众 8 尊、波池井泉诸龙神众 5 尊。第五幅：虚空藏菩萨 2 尊、风雨雷电诸龙神众 6 尊、苗稼病药诸龙神众 7 尊、主斋护戒诸龙神众 4 尊、三元水府大帝 7 尊、顺济龙王 3 尊、安济夫人 3 尊。第七幅：大

将军黄幡白虎蚕官五鬼众 10 尊、金神飞廉豹尾上朔日畜神众 7 尊、阴官奏书归忌九伏兵力士众 7 尊、吊客丧门大耗小耗宅龙诸神众 6 尊、护国护民城隍庙社土地神众 11 尊、地藏王菩萨 4 尊、十殿阎王众 40 尊、地府六曹判官 7 尊、地府三司判官 4 尊、地府都市判官 4 尊、地府五道将军 6 尊、善恶二部牛头阿旁诸官曹众 5 尊、八寒地狱 5 尊、八热地狱 6 尊、近边地狱 5 尊、孤独地狱 6 尊、起教大师面燃鬼王众 6 尊、主病鬼王五瘟使者众 7 尊、大腹臭毛针咽巨口饮噉不净饥火织燃诸鬼神众 12 尊、水陆空居椅草附水幽魂滞魄无主无依众 10 尊、枉滥无辜含冤抱恨诸鬼神众 9 尊、投崖赴火自刑自缢诸鬼神众 8 尊、赴刑都市幽死椎牢诸鬼神众 9 尊、兵戈荡灭水火漂焚诸鬼神众 13 尊、饥荒饿殍病疾缠绵诸鬼神众 11 尊、墙崩屋倒树折崖推诸鬼神众 6 尊、严寒大暑兽咬虫伤诸鬼神众 7 尊、堕胎产亡仇怨抱恨诸鬼神众 13 尊、误死针医横遭毒药诸鬼神众 9 尊、身殂道路客死他乡诸鬼神众 6 尊、地狱饿鬼傍生道中一切有情众 7 尊、六道四生中中有情众 11 尊。

八幅长卷是水陆法会的主体内容，因此集合了消灾、普度、上供、下施诸多不可思议殊胜功德。从上佛下仙，到帝王平民本性平等，没有高低贵贱之分，救度的众生范围相当广泛，结地方界、方隅界、虚空界，结界洒净，以金刚为墙、琉璃为地、宝幢为华，令坛场内外清净，建十方法界四圣六凡水陆普度大斋胜会功德宝幡，长驻天、空、地、冥众圣神灵，供养众生受法味饮食，同沾法益，速往无量光明佛刹，回向往生西方极乐世界。

第一部分

明王演法

　　壁画中的主体部分绘画在殿内正壁东西两侧，内容是藏传佛教密宗中的十大明王，十大明王分别是大日如来佛、阿弥陀佛、普贤菩萨、地藏王菩萨、马头观音、文殊菩萨、阿閦佛、不空成就佛、宝生佛、弥勒菩萨的变化身。是永安禅寺主殿绘制水陆人物八幅内容之首，称为"明王演法"。明王对于沉溺于三毒中的众生即如当头棒喝，能令其幡然醒悟。"明王演法"绘画水陆人物 37 尊、瑞兽 14 尊、由 10 组水陆人物故事中的明王组合而成。

　　明王，又称作持明王、愤怒尊、威怒王。梵语明王系男性名词，女性名词称作明妃。永安禅寺传法殿中的十大明王是佛、菩萨的变化相，用于震慑众生贪、嗔、痴三毒，利乐众生福报。部分游客把永安禅寺传法殿中的十大明王与孔雀明王误认为是同等的明王，其实孔雀明王不是佛、菩萨的变化相，此尊相传为毗卢遮那佛或释迦牟尼佛的等流身。孔雀明王，密号为佛母金刚、护世金刚。在密教修法中，以孔雀明王为本尊而修者，称为孔雀明王经法，又称孔雀经法，为密教四大法之一。根据《孔雀明王经》记载，佛陀在世时，有一位莎底比丘遭到毒蛇咬螫，不胜其苦，当阿难向佛陀禀告之后，佛陀于是教导一个可以消除鬼

魅、毒害、恶疾的修持法门，这个法门就是《孔雀明王经》中的主要内容。另有一说，大鹏鸟是佛祖的娘舅，源于释迦牟尼佛以前被妖魔孔雀吞在肚子里，后来从孔雀腹中破背而出，然后把孔雀收复了，因为佛祖从其腹中破背而出，所以孔雀被认为是佛母，封孔雀为孔雀大明王，放在灵山，做了佛教护法，大鹏鸟就顺理成了佛祖的娘舅。永安禅寺传法殿的十大明王则完全不同，《真伪杂记》十三说："明者光明义，即象智慧。所谓愤怒身，以智慧力摧破烦恼业障之主。"《圣无动经》说："假使三千界大力诸夜叉，明王降伏，尽令人解脱渡。"永安禅寺传法殿正壁绘画十大明王尊的绘画形式与唐卡的绘画几乎一致，是因为元朝忽必烈是藏传佛教弟子的缘故。在藏传佛教中的佛、菩萨是以善劝善，以恶制恶，所以出现的明王尊是佛、菩萨为了教化众生特别贪欲者而显化的忿怒威猛相。"明"是智慧光明的意思；"王"是驾驭一切现象的人。明王也称教令轮身，受大日觉王教令现忿怒身降伏诸恶魔。据说诸佛为慈悲怜悯众生，对顺者以和善相相劝，对逆者以威猛相相制。"大威德"喻有伏恶之势，谓之大威；有护善之功，谓之大德。佛、菩萨显忿怒形象是为降伏众魔以及众生因无明而引起的贪、嗔、痴魔障。

大日如来（毗卢遮那佛）为密宗金刚界五方如来之首，代表五佛五智中的法界体性智，是东南西北中五大明王之首，位居中央，也是三身佛中的法身佛。代表自性清净，除一切无明烦恼。大日如来佛的变化身是大威德不动尊明王，不动尊明王又称不动金刚、不动威怒明王。"不动"是慈悲心坚固，不可撼动的意思，可使修习者成就诸愿，并且能消除水旱灾，降伏兵贼及获得财富。不动尊明王是十大明王中唯一以慈祥面孔（佛的本来面目）现身教化众生的明王，是佛教密宗至高无上的本尊和最高阶层的佛，亦称毗卢遮那佛。"大日"之意胜于太阳，大日如来是光明理智的象征，能带来光明理智、除妖避邪，能使修习者通天地之灵气，取万物之精华，勇往直前，光明快乐。不动明王的誓愿在《胜军轨》中有记载："见我身者发菩提心，闻我名者断恶修善，闻我说者得大智慧，知我心者既身成佛"。此尊明王的坐骑是冰虎，冰虎在整个水陆法会的瑞兽中是绘画最为精细的一部分，每一根茸毛都是一笔一笔地勾勒而成。绘画的眼睛也是很有特色，两个眼睛珠子好像是两把利刃直接插入邪恶之心，对邪恶之人起到震慑的作用。但是，冰虎的整体绘画效果给予的是一副温和相，成为永安禅寺水陆大法会壁画中的绘画精品。

阿弥陀佛变化的忿怒身——

大威德大力明王

2

大威德大力明王为阿弥陀佛之教令轮身，可降伏人魔，表智慧。大力明王全身青黑色、呈忿怒形。手持戟、弓、索、剑、箭、棒武器，背负火焰，跨于青牛背上。阿弥陀佛变化的忿怒身诸相圆满，以大悲为无明妄想之众生，现极恶之瞋怒身，降伏出世之魔军，消灭世间之怨敌，亦是蒙古族将士信仰的战神、英雄人物，他们每当开战之前，都要祭拜这位明王，以求得更大的胜利。以此尊明王的德份表示西方佛祖阿弥陀佛要以大力明王的威力利益众生，摧伏一切恶毒龙，断除障碍，使一切恶毒龙见而生畏，以此法力护持法界众生，成就西方极乐净土。此尊明王的坐骑是青牛。

普贤菩萨变化的忿怒身是大威德步掷明王。普贤菩萨可济度六道，能够使有罪之人发现其菩提心，并通过不断的精进，增强自身降伏恶魔的力量。步掷明王能启发二乘之人，除去小乘的心，令其具足大乘甚深空慧，令众生永离三途苦果，具足普贤行，不复再受各种地狱之苦。广发菩提心，具有诸恶魔等遇者摧伏，辟除退散之功德。普贤菩萨代表德与行合一。普，是遍一切处；贤，是最妙善义。也就是说普贤菩萨凭借大菩提心所生起的宏愿和万行，以及身、口、意一切平等，清净妙善，具备一切德性，所以名为普贤。普贤菩萨立下大誓言，要将佛门推崇的"善"，普及到一切地方，可谓功德无量。普贤菩萨有增益、延寿的能量，当他住入增益延命佛果的境界，就成为普贤延命菩萨。普贤菩萨的坐骑为白色的六牙神象。象在佛教的教义中具有无比大的威力，代表法身负荷一切众生，白色象征着无漏无染。在《普贤观经》中这样记载：六牙代表六度，也就是六种到达彼岸方法，即布施、持戒、忍辱、精进、禅定、智慧；四足表示四如意，即佛教中参禅的四种境界；四足又表示四众，即四众弟子。所以六牙神象与自然界中的大象完全不同，六牙神象代表者威仪神明，象征者普贤菩萨的愿行广大、功德圆满。

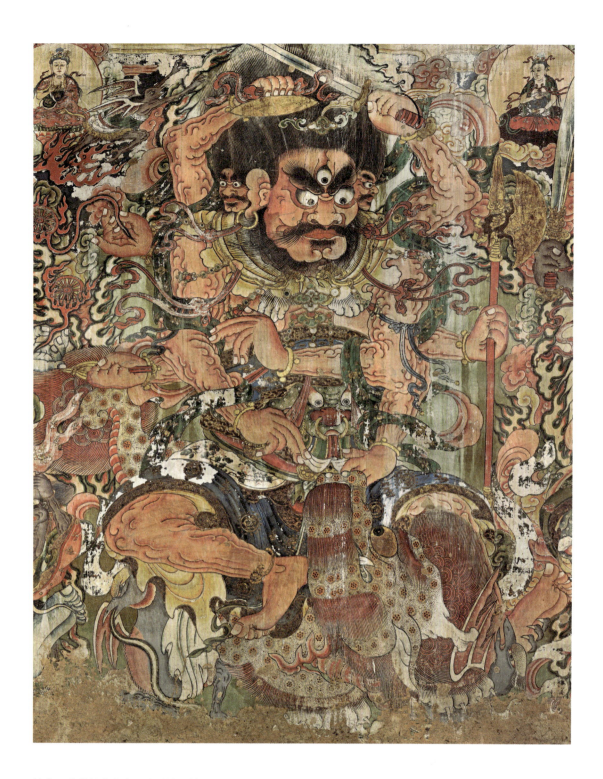

地藏王菩萨的变化身是大威德无能胜明王。地藏王菩萨的教化并不只局限于地狱，在这个娑婆世界中，世间的种种天灾人祸常常被形容为人间地狱。因为地藏王菩萨的大愿是"地狱不空誓不成佛"，所以哪里有苦难哪里就有地藏王菩萨的身影，当然地藏王菩萨的渡化不仅在三恶道的地狱道、畜生道、饿鬼道，也包括三善道的天道、阿修罗道、人道。地藏菩萨"安忍不动，犹如大地，静虑深密，犹如秘藏"，而得名。地藏在佛教中是一位愿力深厚的菩萨，在过去世中，曾经几度救出自己在地狱受苦的母亲，并不断发愿要救度一切罪苦众生尤其是地狱众生。地藏菩萨的应化道场是佛教四大名山之一的安徽九华山。地藏王菩萨的坐骑是谛听，也称"善听"。这种兽神通广大，双眼神光闪烁，耳朵极为灵敏，它能听到四大部洲山川动物的声音，以极一切众生的行动。地藏王菩萨凭借它能了知世间的一切，明鉴善恶贤愚，往来于各个世界，没有任何障碍。此尊明王能降伏六道众生的烦恼魔障。

马头观音的变化身是大威德马首明王。马首明王的主要法力是降伏罗刹、鬼神、天龙八部中的一切恶魔，消除无明业障、瘟疫、病苦、免去一切恶咒邪法。在六观音菩萨中唯有马头观音在发髻上有一个或三个马头，能除去旁生道中一切灾厄及恐怖，救度旁生道脱离苦海，护佑众生脱离苦海，出行平安。观音菩萨的变化相非常多，一般示现为温柔慈悲的形象，马头观音因以马首置于头顶，故称此名。在六道中是畜生道的救主。而马头观音则示现大忿怒形象，怒目圆睁，浓眉倒竖，巨齿獠牙，头发如火焰一样，光芒四射。此观音的变化身形貌忿怒威猛，是因为菩萨慈悲心重，为了降服众魔，所以示威猛相摧灭一切妖魔障碍，用大威轮光明照破众生的暗昧，吞食众生的无名烦恼。此尊明王的坐骑是狮子，佛法如狮子的吼声，百兽闻之皆惊，具有震慑的作用。

文殊菩萨变化的忿怒身——
大威德焰发德迦明王

6

文殊菩萨的变化身是大威德焰发德迦明王。文殊菩萨曾经发愿成就火光三昧作如来力士，为如来降伏魔怨，啖尽秽迹。文殊菩萨是大智慧的象征，能开发智慧，提高悟性，尤其能帮助小孩学业有成、官人福禄双增、商人增财增福。右手持金刚宝剑斩群魔断一切烦恼。焰发德迦明王手持金刚宝剑表示斩断一切众生的烦恼。文殊菩萨亦称妙吉祥菩萨，表示六道众生修持佛法都能足登莲台、吉祥如意、功德圆满。他的坐骑是青狮，又因为狮子是兽中之王，有狮子一吼，百兽胆裂的说法，因此经中常常将佛陀说法比喻为狮子吼，用狮子吼来震醒沉迷颠倒的六道众生。狮子作为文殊菩萨的坐骑，则代表文殊菩萨智慧威猛，能摧伏一切烦恼魔障。文殊菩萨，又称文殊师利、曼殊室利、满祖室哩，意译为妙德、妙吉祥、妙乐、法王子。文殊菩萨是如来佛祖怙恃之一，为佛教四大菩萨之一。与般若经典关系甚深，故称为大智文殊师利菩萨。

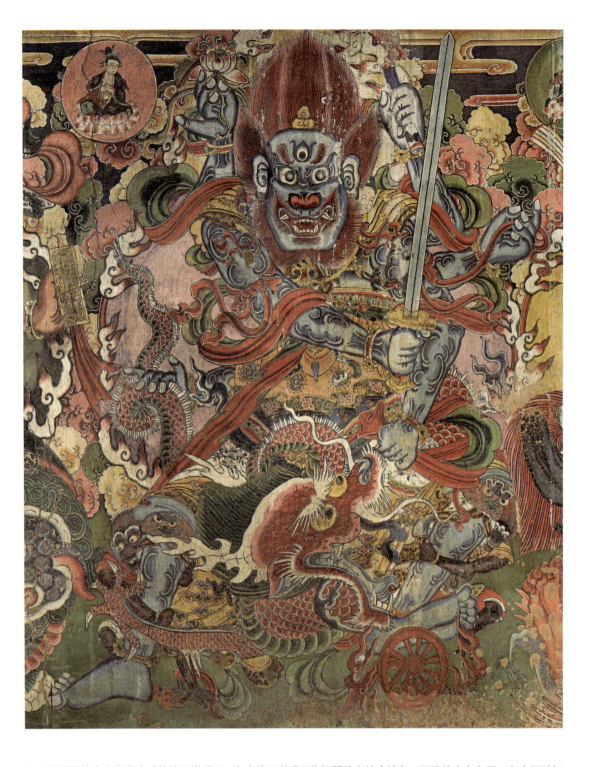

东方阿閦佛的变化身是大威德降三世明王。东方降三世明王为阿閦佛之教令轮身，可降伏大自在天。东方不动如来（阿閦佛）代表最强烦恼之被征服、平定和转化，象征法性不变，除一切嗔心烦恼。东方不动如来佛土是第二佛土，此佛土名喜悦净土。变化身降三世明王是为了降伏众生过去、现在、未来三世的贪、嗔、痴之毒。【阿閦佛国经】记述：阿閦如来在成佛之前，曾经侍奉过大日如来，后来受大日如来的教化，发下誓愿，对所有的众生不生瞋恨心，发大慈悲。经过累劫的修行，终于在东方妙喜世间的七宝树下得道成佛，佛名"善快"。由于他的愿力所加持，这一佛国中没有三恶道，一切人都行善事，幸福美满。根据【大宝积经】的记述：往生极乐世界要具有多种因缘，但根本因缘是：要学东方不动如来往昔所修的菩萨行，发下誓愿往生极乐国土。只要情修六度，发愿到东方妙喜世间的众生，死后即可转生到妙喜佛国。因为阿閦为不动、无忿怒、无瞋恨等意。龙是易忿怒、易瞋恨、好战之神的代表者。所以阿閦佛的坐骑是龙，以示能够降伏龙的种种恶障的意思。

北方不空成就佛变化的忿怒身——

大威德乌枢沙摩明王

8

北方不空成就佛的愤怒身是乌枢沙摩明王。乌枢沙摩明王是密教与禅宗寺院中所安置的忿怒尊之一，亦称金刚夜叉明王，是不空成就如来的教令轮身。北方不空成就佛佛土是第五佛土，此佛土名胜业净土，藏文名称意思是行为、完全、圆满，一切想做之事皆可轻易成就，所以此佛可降伏地魔，佛土名叫诸行圆满。此佛土所转化的烦恼是嫉妒，所净化之蕴是行蕴。嫉妒转化后，便成为成所作智。象征这种成就的本尊或佛性，是不空成就如来，在五方五佛之中，不空成就佛的方位是北方，象征的颜色是黑色。此佛代表大日如来之成所作智，成就一切如来事业及众生事业。依密教所传，修法者由于不空成就佛的加持，于诸佛事及有情事，皆能成就；而且能成办自他两利之行，而远离烦恼。

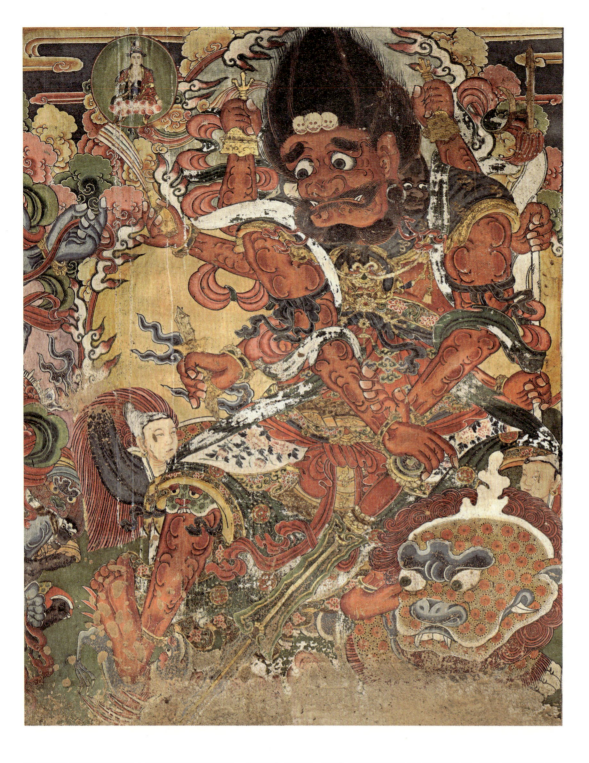

南方宝生佛的变化身是大威德甘露军咤明王。"军咤"意译为"瓶",瓶在密宗里是甘露的象征,意为以慈悲为怀,遍洒甘露水,洗涤众生的污秽心灵,迅速聚集福德智慧,获得圆满清净法身。军荼利明王为宝生佛之教令轮身,可降伏五阴魔。宝生佛以甘露的德分护持一切众生,手持铃表示他能满足求助者愿望的方式,不是冷酷严厉和令人难以接受的,而是自然和谐、美妙动听的。以此明王为主体所修的秘法,称为军荼利夜叉法,奉修此法的目的,是为了除却恶魔、蛇障、热恼、不食病、暗蔽病等障碍。如果修行者每天用餐前能供出小份食物,并念诵军荼利明王心咒七遍,则不论在任何地方,都会得到此明王的加护。甘露军咤明王的坐骑是红毛狻猊。

大威德变现忿怒大轮明王

10

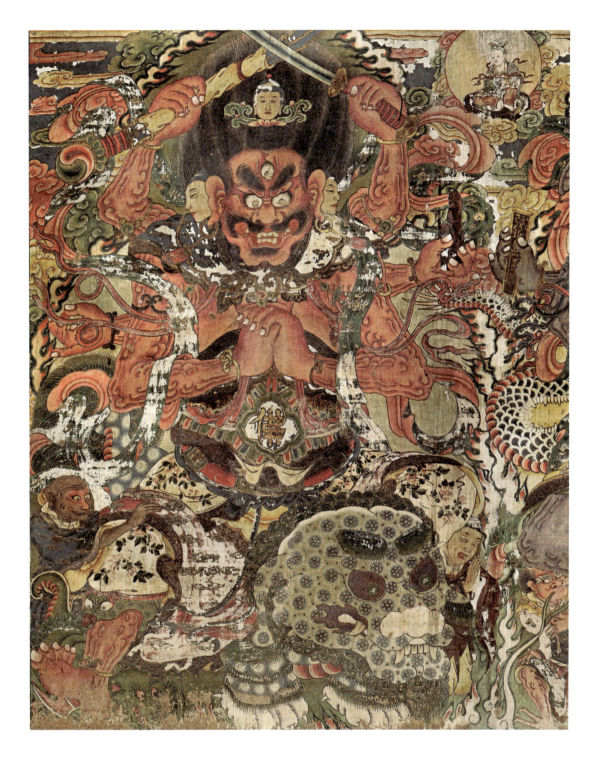

弥勒菩萨的变化身是大威德变现忿怒大轮明王。弥勒是慈悲的意思,"慈悲"在佛经中意为除去痛苦给予欢乐。释迦牟尼佛说,他灭度后五十六亿七千万年,菩萨会重降人间,在华林园龙华树下成佛,为未来佛祖。弥勒菩萨在未成佛时化身明王,是为了以明王的威力催破众生的烦恼和众生的一切业障,为未来世扫除一切障碍。明王胸前化生"佛"字,是弥勒菩萨为了以佛的博大教化当下众生要止一切怒、止一切暴、止一切怨。"止"不是禁止不动,而是一种转化的过程。意思是,止怒要静悟、止暴要善行、止怨要明了,在静悟、善行、明了的基础上精进禅果。佛是一种境界,也是一种物质。表明了未来佛祖弥勒菩萨对过去世、现在世、未来世具有的认知如法和大智、大觉。所为明王,犹如父母在孩子面前,平日里都是以佛,菩萨的和善相待,当孩子有错的时候,做父母的为了利益孩子就会示现出忿怒的威严想以震慑,使孩子明了对错,及时改正错误。如果是其他家的小孩子做错了事,我们的父母因为没有佛、菩萨那样大的愿力就不会忿怒。但是佛、菩萨就是众生的佛、菩萨,他们有大的愿力要利乐众生,对众生示现忿怒身,以起到震慑邪恶心的作用,并以此德份广度众生、脱离苦海,入菩萨道,最终成佛。

第二部分

化生天道

无色有色欲界天

大梵天王功德现

天藏菩萨化生名

有形无形皆相连

　　殿内水陆众生相壁画中的东侧第1幅至第10幅的内容，是总第11幅至20幅，由10组水陆故事84尊水陆人物形成的第二组"化生天道"。化生天道是传法殿壁画八幅内容东侧墙壁上的2、4、6、8幅长卷之首。由天藏王菩萨引领的无色界四空天众、色界禅天众、大梵天王、欲界上四天王天诸天众、功利帝释天王天诸天众、东方持国天王众、南方增长天王众、西方广目天王众、北方多闻天王众。这一组"化生天道"是永安禅寺传法正宗之殿壁画中绘制水陆人物八幅长卷之第二幅，在水陆法会中认为众生供养第二幅长卷"化生天道"，可亲近天道，远离三途苦果，不受轮回报苦业，消尽业障，享受喜乐永驻之福德。第二幅长卷从右至左的前后顺序分别解读"化生天道"如下。

天藏王菩萨——

11

天藏王菩萨是永安禅寺传法殿内东侧的首位菩萨，佛经中无此名。依据元朝重众教的思想，特别是盛行于上等社会群体中的萨满教推断，天藏王菩萨就是来源于蒙古人信仰的萨满教。萨满教文化是元朝建立者信仰的一种原始宗教，萨满教是以天为至尊，认为日月山川风雨雷电等一切处皆有神灵，而天是统领一切神灵之主。这就是天藏王菩萨随着元朝的建立和强大而显现在内地水陆法会中的原因所在。史书中记载，成吉思汗曾经利用萨满教文化来维护自己的权威。在萨满教文化中至高无上的神灵就是"长生天"，而统领者行使的权力就是"长生天"的旨意。在这种文化氛围的影响下，在元朝初期，永安禅寺的水陆壁画将至高无上的"长生天"以天藏王菩萨的面目呈现，以示其至高、至大、至尊而神圣。所以说天藏王菩萨是在元朝初期的历史背景下尊奉的"长生天"的演变身。天藏王菩萨在永安禅寺水陆法会中显现在至关重要的位置，可能还存在着本土的民俗信仰，在本土文化中老天爷承经是一位大于一切神灵的最高神灵，把这一位神灵演化成天藏王菩萨出现在当地的佛教寺院中也是合乎情理的。而长生天或者也是本土老天爷的化身。

无色界与色界、欲界共称三界。即指超越物质之世界，厌离物质之色想而修四无色定者死后所生之天界。无色界又称为四无色天、四无色处、四空天。四空天即为空无边处、识无边处、无所有处、非想非非想处，统称为没有物质的有情众生所居住的最高境界。因此处只有受、想、行、识四种境界而被称为四空天。在四空天中有四种禅定境界，能超离于一切物质现象（色法）的缠缚，依止于精神现象（五色法）而存有，此定从境得名，所以名为"无色定界"。在道教三十六天之中的无色界，位在四梵天之下，共有四层即皓庭霄度天、渊通元洞天、翰宠妙成天、秀乐禁上天。

色界禅天众 ——— 13

色界禅天是三界中的中层，此处众生虽有物质和情感，却远离欲界的淫欲、食欲，是居住在欲界之上、无色界之下的清净色质的有情众生，由于此界众生没有食色之欲，所以也没有男女之别，生于此界之众生都依各自修习禅定之力而化生。色界又依禅定的深浅程度，分为初禅天、二禅天、三禅天、四禅天。四禅天可分为八层：一无云天，这是相对于以前诸天所居之处而说的。按佛教所说，色界三禅之前诸天虽为空居天，但其所所居之处如云层密合。自四禅以上诸天所居之处，则在此云层密合处之上，其云轻散如虚无，故将此四禅中第一层天称为"无云天"。二福生天，三广果天，四无烦天，五无热天，六善现天，七善见天，八色究竟天，已修行到达色界的最高境界，如超越此界，即到无色界。

信士安加公
玉塔玉金妆

大梵天王是统领色界初禅一层的梵众天和二层的梵辅天之主。据《摩奴法典》载，梵天出自金胎（梵卵），梵天把卵壳分成两半，创造了天和地，然后创造十个生主，由他们完成创造工作。大梵天王即是人类的创造神，也是魔鬼、灾难的创造者，他除了具备创造的功能之外，没有任何降妖除魔的能力，与湿婆、毗湿奴并称为婆罗门教的三大神，被称为始祖，但是在三大神中的地位并不高，崇拜者很少。

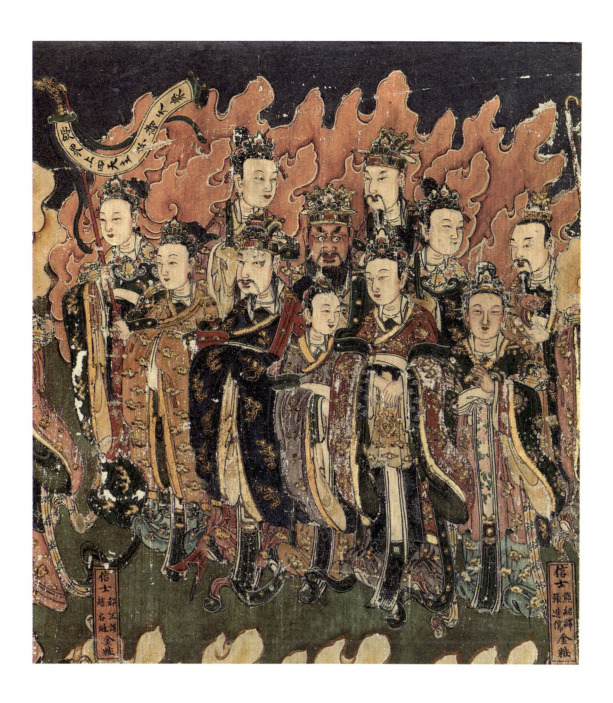

欲界上四天主并诸天众——

15

欲界上四天，亦称欲界空居天，是三界中的最下层。欲界共分六天，分别是：四天王天、忉利天、须焰摩天、兜率天、化乐天、他化自在天。因为四天王天和忉利天分别住在须弥山的山腰和山顶，还没有离开地，所以被称为地居天，其余四天均在空中，被称为空居天，所以上四天就不包括地居天这两天。壁画中是欲界的空居天诸天众，也就是欲界的上四天主并诸天众。

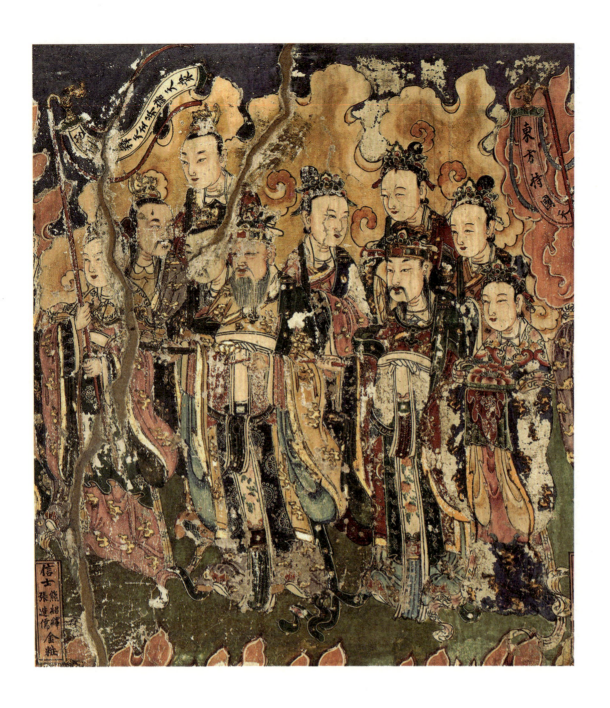

功利帝释天王与四天王天分别住在须弥山的山顶和山腰，还没有离开地，所以被称为地居天，与四空天并称为欲界六天。功利帝释天王居于善现城的忉利天宫，忉利天宫位于忉利天的中央，忉利天位于须弥山顶端，是欲界的第二天。其东西南北四方各有八个天国，加上帝释天一共有三十三天。在中国道教文化的影响下，三十三天之主，一般认为是玉皇大帝。在佛教的水陆法会中认为三十三天之主是帝释天王。传说帝释天王在生前布施修庙时，由于自己的力量不及，就另外又找了三十二个人。她们三十三个人把这座庙造好了，又造了一座宝塔。塔庙造完了，这三十三个人的生命结束之后，全都生到天上去了，每一个人有一层天，所以三十三个人就有三十三天。而这三十三天的中间就是忉利天天主——帝释。这就是功利帝释天的由来。功利帝释天的众生，均是为佛、菩萨布施的大功德主。

东方持国天王众 ——

17

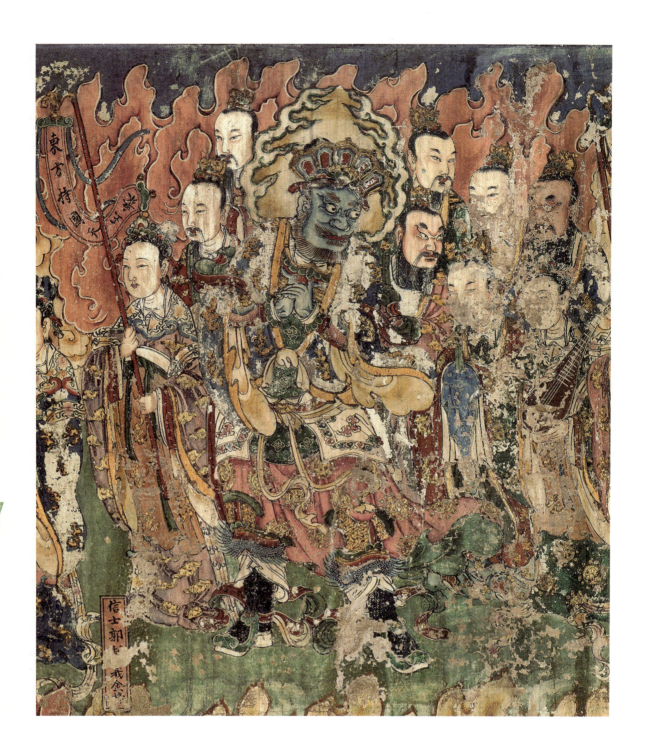

东方持国天王是四大天王之一，四大天王出自婆罗门教即印度教神话的二十诸天，是佛教三十三天中的四尊天神，东方持国天王掌管须弥山的东胜神州，以乾闼婆、紧那罗、富单那、毗舍阇等为持国天王的部众，是"二十诸天"中的第四天王，主据东方。持国天王意为慈悲为怀，保护众生，护持国土，同时也是主乐神，表明他要用音乐来使众生皈依佛教。持国天王手上拿着琵琶，代表着做事情不可以操之过急。要知道"中道"，做事情不能过也不能不及。就像弹琴一样，琴弦松了，弹不响，琴弦紧了又容易绷断。儒家讲中庸，佛法讲中道，做事情就是负责尽职，要做得恰到好处，不要太过头，也不能不及，这样事情才能圆满功成。

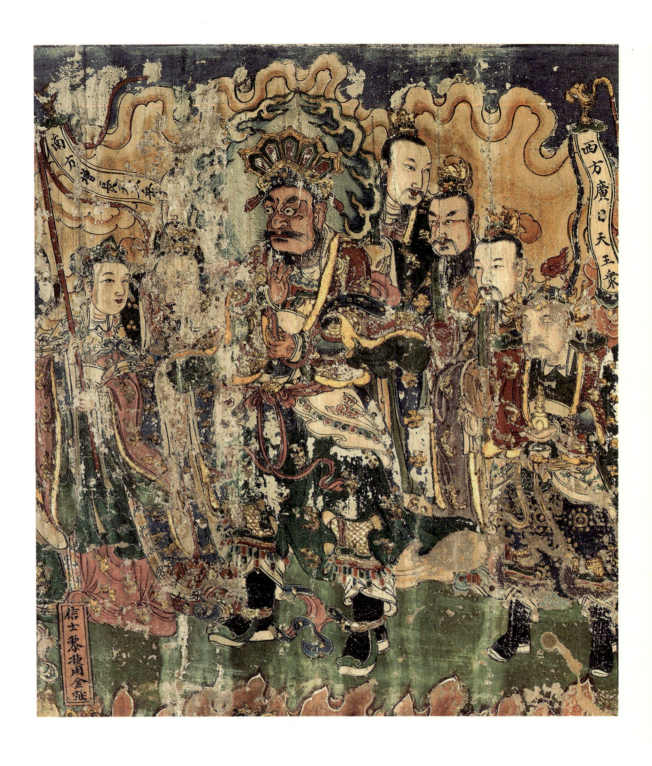

南方增长天王是四大天王之一，掌管须弥山的南瞻部洲，以鸠盘荼、薜荔多、矩畔孥等众为增长天王的部众，是"二十诸天"中的第五天王，主据南方。增长天王意为能传令众生，增长善根，护持佛法。教化众生的方式是善听、多思、勤学。增长天王告诉我们，我们的道行要增长，品德要增长，乃至学问、智慧、才艺、能力都要增长，只有天天增长，才不会被淘汰。他负责守护南瞻部洲，手持宝剑保护佛法不受侵犯，象征慧剑斩烦恼。

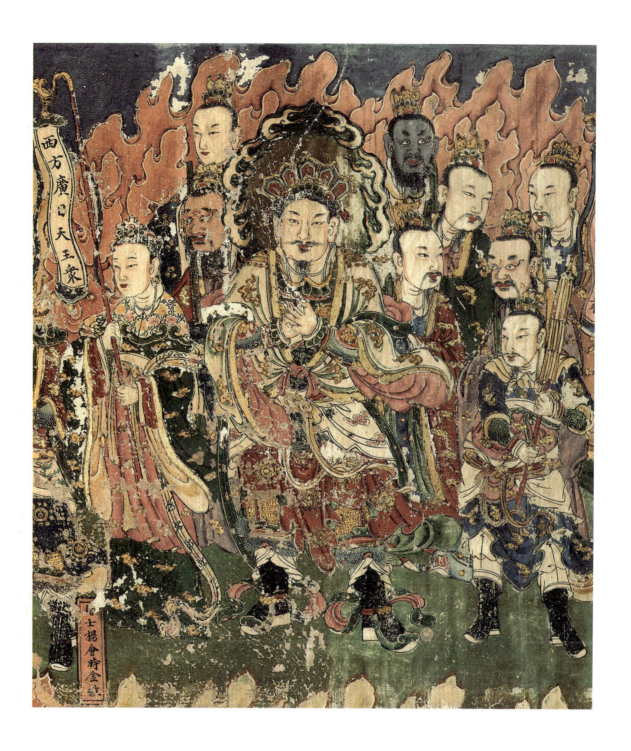

西方广目天王众——

19

西方广目天王是四大天王之一，掌管须弥山的西牛贺洲，以龙王为广目天王的部众，是"二十诸天"中的第六天王，主据西方。"广目"意为能开天眼随时观察世界，护持众生。广目天王代表变化，我们常说，神龙见首不见尾，说明这个世界是物质现实的世界，一切人、一切事、一切物，是变化无常、变化多端的。广目天王告诉我们一定要把事物看清楚才能从容应付，手上缠着龙或蛇，一是表世间多变之意，二是表龙神的首领。另一手上拿着宝珠，表内心不变之意。

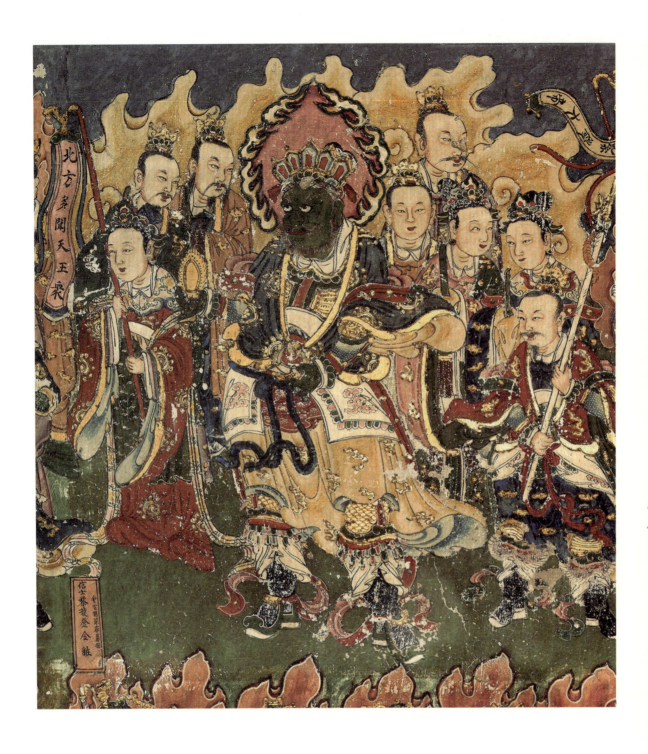

北方多闻天王是四大天王之一，又名施财天，是古印度的财神，守护着须弥山的北俱芦洲，以夜叉与罗刹为多闻天王的部众，是"二十诸天"中的第三天王，主据北方。多闻天王意为颇精通佛法，以福、德闻于四方，教化众生，在多闻的同时要保护好自己的清净心，不要被耳闻目睹的庄严象迷失了本性。右手持宝伞意喻教化众生，要借助伞盖的神力保护自己的内心不受外面环境染污，用以遮蔽世间，避免魔神危害，要对现实社会能够完全、理智、明智的理解，这样才能知道应该用什么态度、方法来应付、处理，才能做到尽善尽美，无论是对人、对事或者是对物都是如此。

第三部分

厚德载物

地厚载物德闳深

持地圣母共担承

山岳湖海为辅佐

大千世界皆大同

　　弘扬水陆，孕育万物，润泽十方，佛道举之。因缘故，持地菩萨和后土圣母共同引领五岳神众、四海龙王众、江河淮济、五湖百川、波池井泉诸龙神护佑万灵乃福德所致，天地至明也。殿内西侧香烛台之上的水陆众生相壁画。第 1 幅至第 14 幅的内容，是总第 21 幅至 34 幅，由 14 组水陆故事 72 尊水陆人物形成的第三组"厚德载物"。在水陆法会中认为，众生供养"厚德载物"长卷，可在持地菩萨、后土圣母、大地诸神灵的呵护下增加福德，永保水陆畅通，车船平安，大地和谐，万物和睦，风调雨顺，五谷丰登，事事如意的福报。第三幅长卷以从左至右的前后顺序分别解读"厚德载物"如下。

持地菩萨是绘画在西侧墙壁的首位菩萨。持地菩萨是佛教二十四诸天中的地天，左手捏珠，右手拈花，是一尊典型的汉传佛教中丰满美丽的女神形象。持地菩萨在永安禅寺的禅文化中两手空空，以禅教化众生，化圆满菩提"有物无物，无物生物，示一切物，方为有物。"以持地相庄严永安法土。持地菩萨在佛教中是管理大地诸神灵的最高统帅，职责是保护大地山川河流及地上的一切植物免受灾害，角色如同中国道教中的后土娘娘。持地菩萨是六尊地藏菩萨之第四尊菩萨，以"心地平，则世间地皆平。"护持大地中修罗者的一尊加持菩萨。

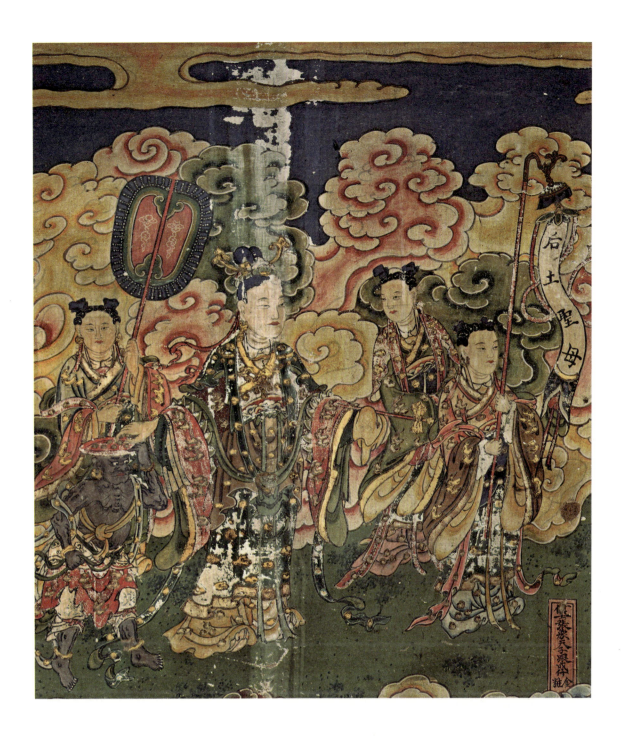

后土圣母

22

后土圣母是在道教中管理大地诸神灵的最高统帅。后土圣母与持地菩萨在水陆大法会中共同担当，普济群灵，超度天地三界十方万灵、六道四生百众，助阵示大威德，承担掌管大地众神灵之责。后土圣母，亦称后土娘娘，居四御之末位。"后土"始称于春秋时期，汉代列入皇朝祀典，为历代帝王所沿袭。宋徽宗封后土为"承天效法厚德光大后土皇地祇"。职责大致与持地菩萨相同，主掌阴阳生育、万物之美与山河之秀。统领五岳神众、四海龙王，以及大地之中的一切众神灵。另有天阳地阴，天公地母之说，是孕育万物之母。

东岳天齐仁圣帝 ——

23

东岳天齐仁圣帝是主东方的最高神灵、是道教五岳五帝之首。道教典籍记载，东岳天齐仁圣帝在五行之中属木、为青色，所以东岳大帝多穿蓝色长袍，乘青云飞舆九色苍龙，从十二仙官。在道经里，东岳泰山君统领五千九百名神仙，掌管人间生死，是鬼魂的统治者。在道教中，东岳大帝执掌东岳泰山府，主管人间贵贱高下之分，禄科长短之事及十八地狱六案簿籍，七十六司生死之期。古人常常到泰山顶上筑土为坛，行祭天之礼。

南岳司天昭圣帝
——
24

南岳司天昭圣帝是主南方的最高神灵、是道教五岳五帝之一。《云及七签》卷七记载，南岳衡山君，领仙七万七千人，服朱光之袍，九丹日精之冠，佩夜光天真之印，乘青龙，因五行之中位居南方属火，所服之袍、所乘之龙皆为赤色，壁画中穿红色长袍者是南岳大帝，在古代征战之时，还有南岳主兵的说法，朝廷每当遇到出征作战之事，就要派遣官员前去南岳祭祀。

西岳金天顺圣帝是主西方之神灵、是道教五岳五帝之一。道教典籍记载，西岳在五行之中属金，为白色，所以西岳大帝多穿白色长袍。西岳金天顺圣帝从西岳仙官十二人，悉乘十二白虎，手把七色华幡。主管世界珍宝五金之属，五行中西方属金，色白，故西岳大帝身穿白袍，戴太初九流之冠，佩开天通真之印，乘白龙，领仙宫玉女四千一百人。

北岳安天元圣帝是主北方的最高神灵，是道教五岳五帝之一。道教典籍记载，北岳在五行之中属水、为黑色，所以北岳大帝多穿黑色长袍。恒山的独特地理位置和天然的绝塞天险，极其庞大的古建筑群和道教文化氛围在五岳之中是北岳恒山之独有。《云笈七签》记载恒山为道教三十六小洞天之第五洞天，早在四千多年前，舜帝巡狩四方，来到恒山，看到这里山势险峻，峰奇壁立，遂封恒山为北岳。秦始皇时，朝封天下十二名山，恒山被推崇为天下第二山。北岳安天元圣帝从北岳仙官十二人，悉乘飞龟手把五色华幡。在《云笈七签》中称北岳神君服元旒之袍，戴太真冥冥之冠，佩长津悟真之印，乘黑龙，领仙人玉女七千人众。

中岳中天崇圣帝是主中央之神灵、是道教五岳五帝之一。道教典籍记载，中岳在五行之中属土，为黄色，所以中岳大帝多穿黄色长袍。中岳中天崇圣帝位居五岳之中。中岳崇山君，姓角讳普生，头建中元黄晨玉冠，衣黄飞裙，披玄黄文裘，带黄神中皇之章，乘黄霞飞轮，从中岳仙官十二人，悉乘飞麟，手把玄黄十二节。五岳神灵不分高低贵贱，以东南西北中的次序排列一堂，为水陆大法会超度天地三界十方万灵助阵示威，普济群灵。

东海龙王和东海诸龙神众。龙王是中国民间所敬之神,《封神榜》中称之为敖广,是四海龙王之首,《旧唐书仪礼志四》中,东海龙王亦称东海广德王。东海龙王是奉玉帝之命管理东海的神仙,东海龙王的职责是管理东海中的生灵,在人间司风管雨,统帅无数虾兵蟹将。东海龙王位在东方、色青、穿蓝色长袍。古神话中龙是四灵之首,起源来自伏羲氏神话传说,伏羲与女娲都是人首蛇身,而蛇就是龙的原型。实际上龙是一种图腾,龙图腾的由来是和原始部落不断的征战有关。在漫长的历史中,部落与部落之间的对抗、吞并、联合。战胜的一方,把战败方部落图腾上的一部分添加到自己的图腾上。久而久之,龙的特征也越来越多,形象日益复杂和威武庄严,最后形成了完整的龙图腾,并且成为华夏民族所信奉崇拜的标志。

南海龙王和南海诸龙神众。南海龙王在《封神榜》中称之为敖明，是道教四海龙王之一，地位仅次于东海龙王敖广，《旧唐书·仪礼志四》中，南海龙王亦称南海广利王。南海龙王是奉玉帝之命管理南海的神仙，南海龙王的职责是管理南海中的生灵，在人间司风管雨，统帅无数虾兵蟹将。南海龙王位在南方、色红、穿红色长袍。南海龙王被认为与降水相关，遇到大旱或大涝的年景，百姓就认为是南海龙王发威惩罚众生，所以南海龙王在众神之中有时候是一个严厉而又有几分凶恶的神，一般来说龙在民间文学艺术中都给人格化了，多是为民造福，能降甘露，护民安康的神龙。

西
海
龙
王
众
————

30

西海龙王和西海诸龙神众。西海龙王在《封神榜》中称之为敖顺，是四海龙王之一，《旧唐书·仪礼志四》中，西海龙王亦称西海广润王。西海龙王是奉玉帝之命管理西海的神仙，职责是管理西海中的生灵。西海龙王位在西方、色白，穿白色长袍。传说西海岸上是广阔无垠的草原，各族牧民在这里生息繁衍。有一年，突然天降大旱，百草枯死，牛羊死亡，人们只能眼看着茫茫无边的西海而叹息。草原大旱的消息传到天庭后，玉皇大帝当即指派青沙龙前往西海解除旱灾，青沙龙受命后，带领家眷随从腾云驾雾飞降九天，来到西海。青沙龙视察旱情后，立即向玉皇大帝呈递奏章，要求拨水。当时，普天之下均遭恶旱，其他江海无法救援，玉皇大帝只能命令西海龙王就地解决。西海龙王无可奈何，只好将西海之水一口吞去三分之二普降草原。青沙龙不顾自己龙宫安危，吸水降雨，使千里草原得救，然而西海从此却变成了一个小湖，也就是现在新疆最大的淡水湖泊——博斯腾湖。从此青沙龙就成了草原各族牧民旱涝灾害的救星，被称为西海龙王。

北海龙王和北海诸龙神众。北海龙王在《封神榜》中称之为敖吉，是四海龙王之一。《旧唐书·仪礼志四》中，北海龙王亦称北海广泽王。北海龙王是奉玉帝之命管理北海的神仙，职责是管理北海中的生灵。北海龙王位在北方、色黑、穿黑色长袍。每逢风雨失调，久旱不雨，或久雨不止时，民众都要到龙王庙烧香祈愿，以求龙王治水，风调雨顺。龙是一种善变化、能兴云雨、利万物的神异动物，可以用喜水、好飞、通天、善变、显灵、征瑞、兆祸、示威来概括。北海龙王他能显能隐，能细能巨，能短能长。秋分潜伏深水，春分腾飞苍天，吞云吐雾，呼风唤雨，鸣雷闪电，变化多端，无所不能。它能预见未来，并且象征着地位、富裕与吉祥。

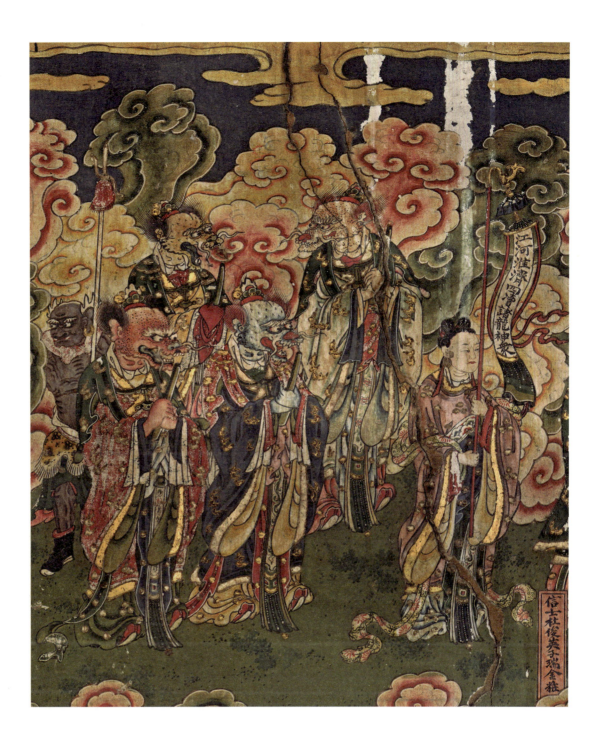

江河淮济四渎诸龙神众
——
32

《尔雅·释水》中称："江淮河济为四渎，四渎者，发原注海者也。"唐天宝六年，玄宗以"五岳既已封王，四渎当升公位"，加封江渎为广源公，河渎为灵源公，淮渎为长源公，济渎为清源公。北宋时期加封河渎为显圣灵源公，又依次加封江渎为广源王，河渎为显圣灵源王，淮渎为长源王，济渎为清源王。元世祖加封江渎为广源顺济王，河渎为灵源弘济王，淮渎为长源溥济王，济渎为清源善济王。明太祖撤去历代封号而仅称东渎大淮之神，南渎大江之神，西渎大河之神，北渎大济之神。在道教中，把朝廷封号用作四渎源王的圣号，成为道教信仰的江河淮济四渎诸龙神。

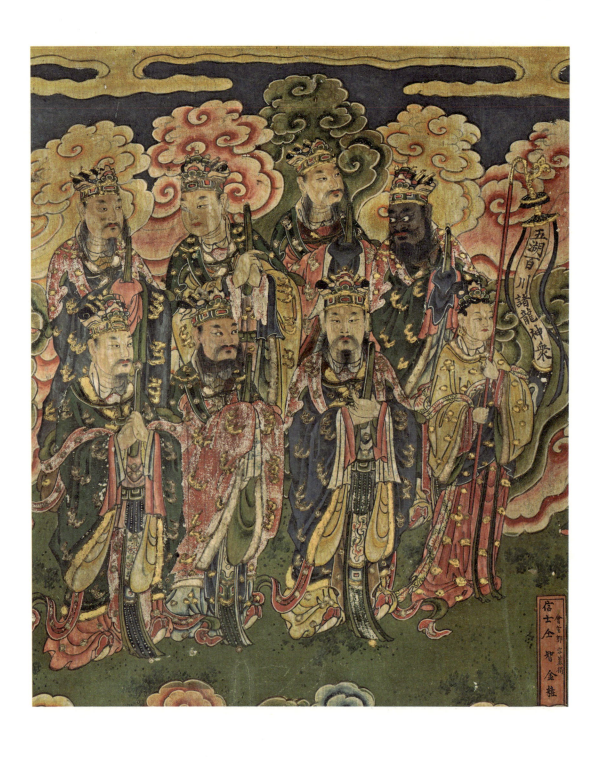

五湖百川诸龙神众

33

华夏民族自古崇拜龙图腾。先民认为，凡是四季有水的地方，都有龙神居住，所谓"水不在深，有龙则灵"，就是说，有龙居住的水域才会有灵气和活气，而四季不绝于水。在水陆法会超度亡魂中，五湖百川是一个概念词语，指在神州大地中常年有水的地方，意喻这些地方都有龙神守护，这些龙神就是水陆法会中超度一切往古亡魂受到邀请的龙神众。

波池井泉诸龙神众

34

波池井泉诸龙神众是大地孕育万物之根本，犹如人体之毛细血管和末梢神经，对人体至关重要，有则养育，缺之则废。除大海、大河、大湖外，凡是四季有水的陂池井泉亦有小龙神守护，他们是水陆法会中超度一切往古亡魂邀请的遍一切地的龙神，是不可缺少的诸龙神众之一。

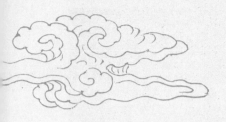

第四部分

道化十方

三教同根又同源

水陆法会共参研

有情众生行善道

福德果报自无偏

道化十方是殿内水陆众生相壁画中的东侧第 11 幅至 39 幅，是总第 35 幅至第 63 幅的内容，由 29 组水陆故事 193 尊水陆人物组合形成的第四组"道化十方"。道化十方是道教上仙北极紫微大帝引领的太乙诸神五方五帝，日光天子、月光天子，金木水火土星真君，罗睺、计都、紫气、月孛星君，十二星座，十二元辰，二十八星宿真君，北斗七元星君，普天列曜一切星君，天地水三官众，天蓬天猷翊圣玄武真君，天

曹府君众，天曹拿禄算判官，天曹诸司判官，年月日时四值使者。画幅长约 24.57 米，上层画幅高约 1 米，中层画幅宽约 1.07 米，道化十方是永安禅寺传法正宗之殿绘制水陆人物壁画八幅长卷之第四幅。在水陆法会中认为，众生供养"道化十方"长卷，可在昏昧迷蒙中觉醒，脱凡胎，入神仙道，远离世俗恶习，改变人生苦短命运，福报身体康泰，长生不老。第四幅长卷以从右至左的前后顺序分别解读"道化十方"如下。

北
极
紫
微
大
帝

35

北极紫微大帝又称北极大帝，北极星君。来源于我国古代星辰崇拜，全称是中天紫薇北极太皇大帝，是道教玉皇大帝、北极大帝、天皇大帝、土皇帝祇四御之一。在《九天应元雷声昔化天尊玉枢宝经集注》卷上曰："北极紫微大帝掌握五雷也。"北极紫微大帝位居天的中央，协助玉皇大帝执掌天经地纬、日月星辰及四时节气等自然现象，其形象为帝王打扮，具有十分高贵威严相，在中国古代民间极受崇拜。佛教在水陆法会中将北极大帝请进上堂，他以佛教二十四诸天之一显现而享受人间烟火，神诞日为农历四月十八。

太乙诸神是太乙救苦天尊的诸化身。太乙救苦天尊在道教中的角色如同佛教中的观世音菩萨，在道教中是救苦救难、超度地狱鬼魂的天神。据道教《太乙救苦护身妙经》载：太乙救苦天尊化身如恒河沙数，物随身应，或化身为帝君圣人，或为金刚神人，或为魔王力士，或为文武官员，或为都大元帅，太乙天尊的分身三界，意喻以三应无穷之数。五方五帝即道教的五老君，为早期道教最尊奉的东南西北中五个方位的五位天神。《河图》云："东方青帝灵威仰，木帝也；南方赤帝赤熛怒，火帝也；中央黄帝含枢纽，土帝也；西方白帝白招拒，金帝也；北方黑帝叶光纪，水帝也。"在道教中认为，五方五帝为五气之根宗、五行之本始。见于天文，则化为五星；凝之于物，则化为五岳；见之于事，则为五帝；见之于人，则为五脏。

日光天子 —

37

日光天子在过去劫时原本是东方净琉璃世界药师如来的儿子。因药师如来看到世界污浊混乱而发菩提心，立下誓愿要利益贫病众生，教化世界所有苦难众生脱离苦海，弘扬正法。日光天子立志辅助父亲成就东方净琉璃世界，普度有情，位补佛处，尊贵有如释迦佛侧的文殊、普贤。日光菩萨的名号，是取自"日放千光，遍照天下，普破冥暗"的意思，此菩萨持其慈悲本愿，普施三昧，以照法界俗尘，摧破生死之暗冥，犹如日光之遍照世间。是十一曜星将之太阳星将，意喻在佛法上表智慧，放射无量光明，普照一切宇宙生命，使众生在昏昧迷蒙中觉醒。道教以太阳为大明之神，称为日宫太丹炎光郁明太阳帝君，作男性帝王像。《太上洞真五星密授经》中以木、火、金、水、土与太阳合称六星，六星均为道教中高照的吉星。

月光天子与日光天子是东方净琉璃世界药师如来的两个儿子。弟兄俩一左一右共同辅助药师如来成就东方净琉璃世界，普度有情，位补佛处，尊贵有如释迦佛侧的文殊、普贤。月光天子在佛教中称为月神索玛，道教中称为月神，是十一曜星将之太阴星将，意喻遍照在佛法上表静定，映现明澈清辉，容摄大千芸芸众生，使免于受贪、嗔、痴三毒逼恼。这一组壁画中的月光天子是指道教中信仰的月神。

金星真君 ——
39

金星真君又称金德真君，位在西方。金星对应在五行之中属金，其性刚，其情烈，其味辣，其色白。金星在水陆法会中与木星、水星、火星、土星并列形成五行之真君。关于他们，在民间流传有五雷轰顶一说。世人认为五雷是金木水火土五种能够致人死亡的雷。认为被刀砍死者是受金雷的报应；被木棍打死者是受木雷的报应；被水淹死者是受水雷的报应；被火烧死者是受火雷的报应；被土墙压死者是受土雷的报应。金星是五行之一，十一曜星将之西方太白金星真君，主收敛万物，告成功肃。如世人运气逢遇，多有灾怪刑狱之咎，宜弘善而迎之。

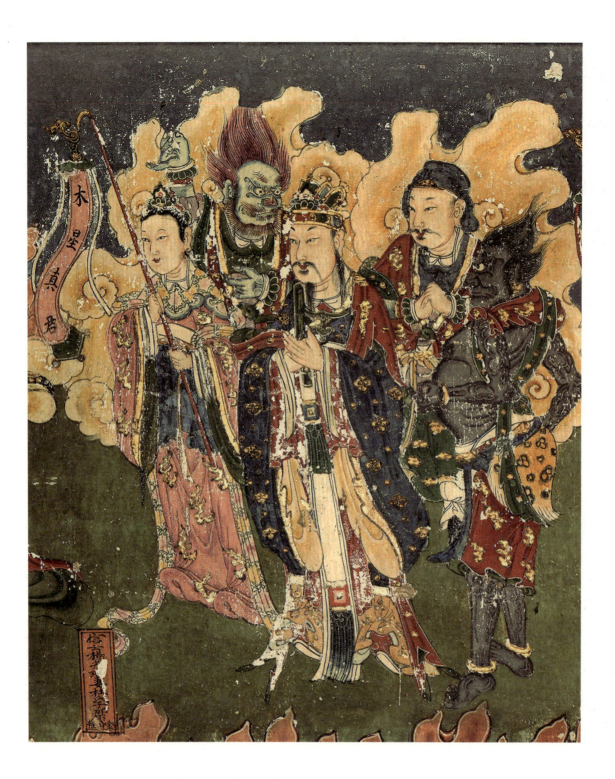

木星真君又称木德真君，全称"东方木德岁星重华星君"。是五行之一，十一曜星将之东方青帝木星真君。木星对应在五行之中属木，位在东方，苍帝之子，真君戴星冠，踢朱履，衣青霞寿鹤之衣，执玉简，木之气直行仁和司于有德。主仁，其性直，其情和，其味酸，其色青。木星真君主发生万物，变惨为舒。如世人运气逢遇，多有福庆，宜弘善而迎之。

水星真君

41

水星真君又称水德真君，亦称一德，位在北方，是五行之一，十一曜星将之北方玄武水星真君。水星对应五行之中的水，水主智，其性聪，其情善，其味咸，其色黑。据古籍载，江河湖海甚至水井水潭中都有职司不同的水神。在水神的称谓上亦有变化。《山海经·海外东经》云："朝阳之谷，神曰天吴，是为水伯。"此外，还有水君，水母、龙王等别称。水星真君主通利万物，含真娠灵，如世人运气逢遇，多有劫掠之苦，宜弘善以迎之。

火星真君

42

火星真君又称火德星君，亦称为火神，位在南方，是五行之一，十一曜星将之南方荧惑真君。五行之中火主礼，其性急，其情恭，其味苦，其色赤。《神诞谱》记载："火德星君，为炎帝神农氏之灵，祀之为火神，以禳火灾。"《史记》记载："火神为祝融，颛顼之子，名黎。"《广雅》记载："火神为游老。"《国语》记载："火神为回禄。"古代人祭礼荧惑真君为五天神之一，主长养万物，烛幽洞微。如世人运气逢遇，多有灾厄疾病之尤，宜弘善以迎之。

土星真君

43

土星真君又称土德真君，亦称土德镇星星君，全称"中央土德地侯镇星星君"。是五行之一，十一曜星将之中央镇星土星真君。五行之中位在中央，黄帝之子，衣黄霞鹤寿之衣，主信，其性重，其情厚，其味甘，其色黄。《太上洞真五星密授经》详述五星之职掌，称中央土德星君"主四时广育万类，成功不怠。如世人运气逢遇，多有忧塞刑律之厄，宜弘善以迎之"。

罗睺星君

44

罗睺星君是古人想象出来的一个黑暗星，日、月食现象就是罗睺星君的恶作剧。据传是达耶提耶王毗婆罗吉提与辛悉迦所生之子，他被称为流星之王，是西南方的守护神。他长有四只手，下半身多是龙尾，性残暴，好为非作歹。正当天神与阿修罗搅乳海以制不死之水时，罗睺乔装改扮成阿修罗，混在天神队伍里偷喝不死甘露，结果被日神苏利亚和月神索玛发现，向印度大神毗湿奴打了小报告，毗湿奴当即用神盘砍下了罗睺的头和手臂。因为罗睺已经喝了不死之神水，成为不死之身，但他的上半身变成了黑暗之星。为了报复日神与月神打小报告，就经常吞噬太阳和月亮，从而引起日食和月食，这就是传说中日、月食的由来。

计都星君

45

计都星君和罗睺星君在道教占星术中把罗睺与计都合称为罗计，他们与日月星君反向而行，故称为蚀神。罗睺星君与计都星君原本是一个人，计都星君是罗睺星君被砍下头之后，由身体演化而来的。关于他们的另一个传说是，罗睺本为统领众魔的龙，曾与天神联手对抗恶魔，但在高奏凯歌之际，他却趁大家不备，偷喝了圣液，其罪行被太阳星君和月亮星君看见，就向众神告发，于是天神赶去奋力将罗睺的头砍下，然而此时圣液已在罗睺体内发生作用，令其得以如同星体般永恒不灭，罗睺的身体即成为计都星君，与日月星君永不妥协，成为永久的敌人，只要环境许可，他们即试图吞噬太阳和月亮，造成日、月食的现象，并与天同岁。而计都的尾巴有时亦会以彗星的行貌出现在世人之前。所以罗睺、计都在占星术中被视之为不祥之星。

紫气星君

46

紫气星君全称为玉清圣祖紫气元君，是太上老君的化身。紫气星君与罗睺、计都、月孛合称四余星君，道教中称其为十一大曜星将之一。紫气星君曾经度化真武修道，真武降生后受以无上道，令真武到武当山修道，又以铁杵磨针超度真武成仙。紫气星君在道教星命家术语中是吉星的象征，古人认为紫色与当官有关，因此很多官服是紫色的，紫气东来主要用于书香门第家大门口上的牌匾。

月孛星君
——
47

月孛星君在道教星命家术语中与日、月、金、木、水、火、土、罗睺、计都、紫气合称为十一大曜星君。道教以月为夜明之神，又因月球绕地球的轨道是椭圆，椭圆是双焦点的，所以，也可以把月孛当作是地球之外的另外一个焦点。因此，月孛也有"黯月""黑月"之称。占星学应用上，月孛代表本能的想法或欲望，潜在的性欲，宿命的缘分，宿命的影响等。月孛与紫气是顺日月而行的星君，罗睺与计都是逆日月而行的星君，在道教中认为月孛星君是一位遇吉则吉、遇凶则凶的神灵。

依据壁画中绘画的内容与文字内容分析，这一组与下一组绘画的内容是西方学说中的十二星座宫神。资料中记载，西方学说中的十二星座，是明朝末年，从欧洲以天文学传入中国的。而依据寺内置造供器碑碑文记载，殿内壁画曾经于清康熙十五年至二十六年之间有过补修补绘。以此推测，这两组壁画就是那个时期绘画的。而由此可知，在明朝末年西洋的天文学已影响中国的占星术，并开始为佛道两教运用。

十二星座即黄道十二宫，是占星学描述太阳在天球上经过黄道的白羊、金牛、双子、巨蟹、狮子、处女、天秤、天蝎、射手、摩羯、水瓶、双鱼十二个均分的区域。壁画中把黄道十二宫神分为两组，合称十二宫神亦称十二次。据《汉书·律历志》记载，十二次名称是：星纪、玄枵、娵訾、降娄、大梁、实沈、鹑首、鹑火、鹑尾、寿星、大火、析木。十二次最初是为了记录太阳与月亮沿黄道运行时相交的十二个部位，后被星相家作为星占术而应用，并以十二次对应西方学说中的十二星座显现在永安寺传法殿的水陆壁画中。十二宫神，以手中所持之物为代表。

该幅壁画绘画的是十二生肖之寅卯辰巳午未六生肖的元神星君。传统顺序的排列是子丑寅卯辰巳午未申酉戌亥，在阴阳学中"子"是阴灭阳升的开始，因此把"子"排在了第一位，但是这一幅壁画把"寅"排在了第一位，是因为"寅"是一阳初升的缘故。这组元神星君与下一组申酉戌亥子丑元神星君合称十二生肖。十二生肖首先出现于计时，夜间十一点至次日凌晨一点，属子时；凌晨一点至三点，属丑时；凌晨三点至五点，属寅时；清晨五点至七点，属卯时；早晨七点至九点，属辰时；上午九点至十一时，属巳时；中午十一点至一点，属午时；下午三点至五点，属申时；下午五点至七点，属酉时；傍晚七点至九点，属戌时；夜间九点至十一点，属亥时。

申酉戌亥子丑元辰众——

51

这一组申酉戌亥子丑元神星君与上一组寅卯辰巳午未元神星君合称十二生肖。据说子时是天地生成之初，没有缝隙，气体跑不出来，物质无法利用，后被老鼠咬出了缝隙，使气体跑出来，物质便能利用了，老鼠有打开天体之神通，子时就属鼠了。老鼠打开天地之缝，牛便出来耕耘在地，于是丑时就属牛了。传说人生于寅，"寅"字有敬畏之意，古时人最怕老虎，寅时便属虎了。卯时已经进入清晨，但太阳还没有出来，照亮大地的还是月亮，而月宫中唯一的动物是玉兔，于是卯时便属兔。传说辰时正是群龙行雨的时候，此时自然属龙了。蛇善于利用草掩藏其行踪，据说巳时蛇不在人行走的路上游动，不能伤人，所以巳时属蛇。午时阳气达到极限，阴气刚欲产生，马跑离不开地，是属阴类动物，故午时属马。传说羊吃了未时的草，并不影响草的再生，未时就属羊了。申有伸的意思，而猴子最善于伸屈攀登，故申时属猴。酉时鸡开始归窝，此时当属鸡。戌时天渐渐黑了，狗开始看家护院，这时就属狗。亥时已入夜，万物寂静，天地混沌，而猪和天地混沌一样，除吃以外一无所知，亥时自然就属猪了。

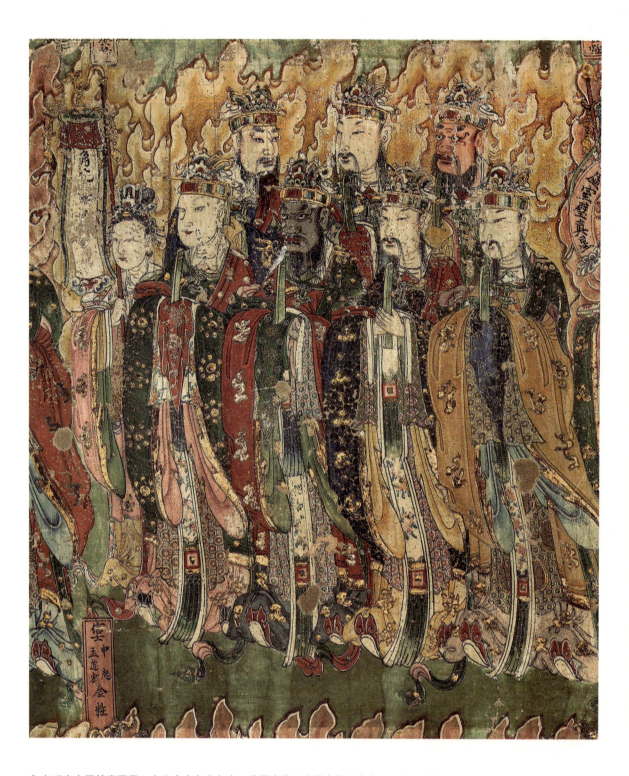

角亢氐房心尾箕真君是二十八宿之东方七宿。我国古代天文学家把天空中可见的星分成二十八组，叫作二十八宿，又分东南西北各七宿。东方七宿位于东方，其形似龙，其色青，属木，总称青龙。东方七宿中，角宿星君主人间雨泽，亢宿星君主人间大风，氐宿星君主人间狂风，房宿星君主惊风和雨，心宿星君主人间雨泽，尾宿星君主祥云瑞气，箕宿星君主斜风细雨。与东方七宿相配的动物为：角蛟、亢龙、氐貉、房兔、心狐、尾虎、箕豹。东方青龙七宿包括 46 个星座，三百余颗星，组成的形象好似一条苍龙。不少学者认为，《易经》中乾坤二挂中有"潜龙勿用""见龙在田""或跃在渊""飞龙在天""亢龙有悔"，正是描述的苍龙七宿在春天时的天象。《石氏星经》称："角为苍龙之首，实主春生之权，亦即苍龙之角也。"《说文》称"亢人颈也"，因此亢宿是苍龙的脖子。氐宿又名天根，它是苍龙的胸。房宿为苍龙之腹，由于龙为天马，所以房宿又称为天驷或马祖。心宿即大火星，尾宿是苍龙之尾，按古代分野说，天上的星星各自对应着地上的某一区域。尾宿和箕宿对应着九江口，因此尾宿又名九江，它附近有天江星、鱼星、龟星。箕宿也是苍龙之尾，它附近还有糠星和杵星。

斗牛女星虚室壁真君——

53

北方七宿排列顺序是斗牛女虚危室壁真君。北方七宿位于北方，其形似龟，属水，其色玄，总称玄武。北方七宿中，斗宿星君及牛宿星君主云气，女宿星君主阴阳，虚宿星君主人间大风，危宿星君主旋风走石，室宿星君主人间阴翳，壁宿星君主人间风雨。与北方七宿相配的动物为：斗獬、牛牛、女蝠、虚鼠、危燕、室猪、壁貐。北方玄武七宿共65个星座，八百余颗星，它们组成了蛇与龟的形象，故称为玄武。北方七宿斗宿为北方玄武元龟之首，由六颗星组成，状亦如斗，一般称其为南斗，它与北斗一起掌管着生死大权。牛宿六星，状如牛角。女宿四星，形状亦象箕。虚宿主星即尧典四星之一的虚星，又名天节，颇有不祥之意，远古虚星主秋，含有肃杀之象，万物枯落，实可悲泣也。危宿内有坟墓星座、虚梁、盖屋星座，亦不祥，反映了古人在深秋临冬之季节的内心不安。室宿又名玄宫、清庙、玄冥（水神），它的出现告诉人们要加固屋室，以过严冬。壁宿与室宿相类，可能含有加固院墙之意。

奎娄胃昴毕觜参是西方七宿真君。西方七宿位于西方，其形似虎，属金，色白，总称白虎。奎宿星君主人间风雨，娄宿星君主人间大风，胃宿星君主人间风，昴宿星君主人间晴，毕宿星君主天地开奉，觜宿星君、参宿星君主人间风雨。与西方七宿相配的动物为：奎狼、娄狗、胃雉、昴鸡、毕乌、觜猴、参猿。西方白虎七宿它们组成了白虎图案。奎宿由十六颗不太亮的星组成，状如鞋底，它算是白虎之神的尾巴。娄宿三星，附近有左更、右更、天仓、天大将军等星座。胃宿三星紧靠在一起，附近有天廪、天船、积尸、积水等星座，看来胃口太小难以消化如此多的食物，有点消化不良。昴宿即著名的昴星团，有关它的神话传说特别多，昴宿内有卷舌、天逸之星，似乎是祸从口出的意思。毕宿八星，状如又爪，古代将网小而柄长者称为毕，毕星又号称雨师（箕星为雨伯），又名屏翳、号屏、玄冥（与室宿相同）；我国以毕宿为雨星。觜宿三星几乎完全靠在一起，实在是"樱桃小口一点点"。参宿七星，中间三星排成一排，两侧各有两颗星，七颗星均很亮，在天空中非常显眼，它与大火星正好相对。我们今天称意见不同为"意见参商"，兄弟不和为"参商不相见"，皆源于此。

井鬼柳星张翼轸星君——

55

井鬼柳星张翼轸是南方七宿真君。南方七宿位于南方,其形似鸟,属火,其色赤,总称朱雀。南方七宿中井宿星君主天色昏黄,鬼宿星君主天色昏昧,柳宿星君主天色昏,星宿星君主天气晴朗,张宿星君主时气不和大热,翼宿星君主晴朗,轸宿星君主晴。与南方七宿相配的动物为:井犴、鬼羊、柳獐、星马、张鹿、翼蛇、轸蚓。南方朱雀七宿计有 42 个星座,五百多颗星,它的形象是一只展翅飞翔的朱雀。井宿八星如井,西方称为双子,附近有北河、南河(即小犬星座)、积水、水府等星座。鬼宿四星,据说一管积聚马匹、一管积聚兵士、一管积聚布帛、一管积聚金玉,附近还有天狗、天社、外厨等星座。柳宿八星,状如垂柳,它是朱雀的口。星宿七星,是朱雀的颈,共一有 54 个星座,七百余颗星,附近是轩辕十七星。张宿六星为朱雀的嗉子,附近有天庙十四星,翼宿二十二星,算是朱雀的翅膀和尾巴。轸宿四星又名天车,四星居中,旁有左辖、右辖两星,"车之象也"。

北斗七元星君 ———

56

据《太上玄灵北斗本命延生经注》记载，北斗阳明贪狼星君，北斗阴精巨门星君，北斗真人禄存星君，北斗玄冥文曲星君，北斗丹元廉贞星君，北斗北极武曲星君，北斗天关破军星君为北斗七元星君。据《无上玉清灵宝自然北斗本生经》载，古代有一国王名周御王，圣德无边。国王有一爱妃，号紫光夫人，明哲慈慧。夫人许下大愿，要为周御王生下圣子，以辅佐乾坤。一年春天，夫人在温玉池中洗澡，忽有所感，生莲花九苞，应时开发，化生九子。其二长子，是为天皇大帝、紫微大帝，其余七子便是北斗七星。有说北斗七星是富贵之官，其旁二星，主爵禄，其中一星主寿天。按照《史记》的说法，北斗七星，分阴阳，建四时，均五行，移节度。《道经》中称，凡一心信仰北斗者，便能得道成仙。

普天列曜 一切星君

57

普天的意思是遍天下，列曜的意思是群星。宇宙浩大，群星璀璨，佛说三千大千世界，万事万物各不相同，千差万别，仅
在一个日月围绕照耀之下就有群灵万千。这一组水陆人物是在道教上仙北极紫微大帝的引领下进入超度群灵的法会，他们
亦是在道教众仙中参与超度群灵水陆法会中未提到名的众仙群星。因为他们同样有大功德，被佛教在水陆超度法会中请入
上堂，备受恭敬敬仰。

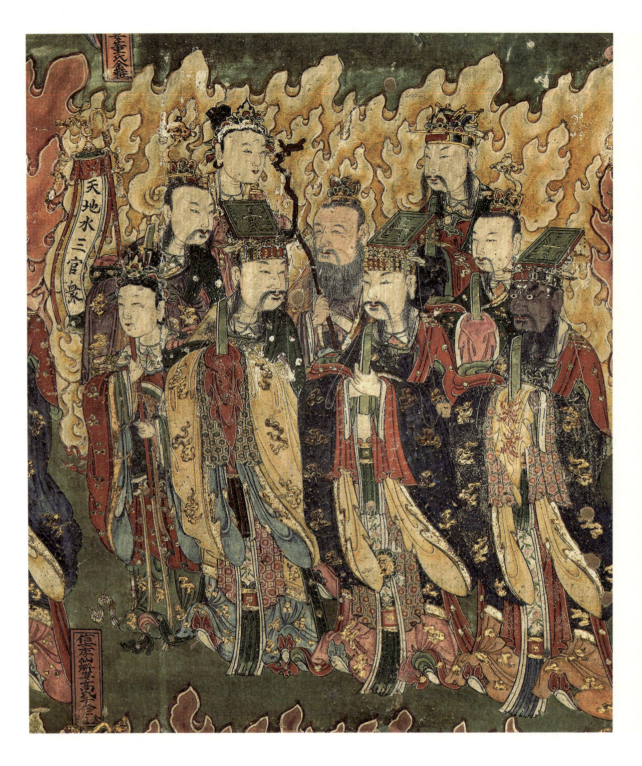

天地水三官众

58

天官、地官、水官合称天地水三官，亦称三元大帝，三官帝君，是天官紫薇大帝、地官清虚大帝、水官洞阴大帝。传说尧、舜、禹是元始天尊的三个儿子，因降生在正月十五、七月十五、十月十五，故称为三元大帝。又因为尧舜禹死后分别掌管了天地水，故称为三官帝君。天官名为上元一品赐福天官，由青黄白三气结成，每逢正月十五降到人间，校定人之罪福，故称天官赐福。地官名为中元二品赦罪地官，每逢七月十五降到人间，校戒罪福，为人赦罪。水官名为下元三品解厄水官，每逢十月十五降到人间，校戒罪福，为人消灾。天地水三官是为天地三界十方万灵赐福、赦罪、消灾的，都是备受水陆法会尊敬的上仙。

天蓬天猷翊圣玄武真君众——

59

天蓬天猷翊圣玄武真君分别是天蓬大元帅真君、天猷副元帅真君、翊圣保德真君、真武灵应佑圣真君，亦称北极四圣、北方四元帅，是北极紫微大帝的部下，故又称北极四圣将军。道教说因众生造作恶业，不修道德，至感妖魔邪鬼，枉害生人，元始天尊哀悯众生，故大兴慈悲，特遣九天延祥涤厄四圣真君，亦是前面提及的北方四元帅之，下降世间，扫除邪鬼，救护众生，彰显大道，是北极紫微大帝的四大护法神将。

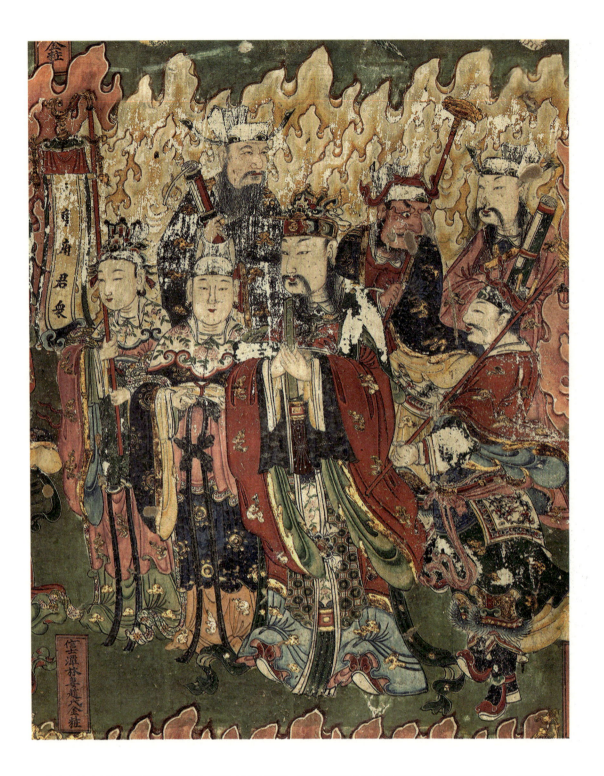

天曹府和地府都属于地藏王菩萨和东岳泰山王的管辖。天曹府管理六道中的三善道，即天道、人道、阿修罗道；地府管理六道中的三恶道，即畜生道、饿鬼道、地狱道。此六道，在佛教水陆法会中是分别于善严层次的六个去处，亦是示现给众生的六个相。而天曹府，是在道教中为人间修道而设置的一个更好的去处，是区别天神与人的，是人类想象的神仙在天上的官署。

天曹拿禄算判官 —— 61

天曹拿禄算判官，在水陆法会中是指专门查看天道、人道、阿修罗道众生得到的俸禄是否应该所得的，查看得到的俸禄、食禄、高官厚禄是不是多拿多占了，而后根据所造的业，给予应得的果报。在道家中亦是指天曹中分科办事的官署判官。《集异记·卫庭训》中记载："岁暮，神谓庭训曰：'吾将至天曹，为兄问禄寿。'"《新齐谐·紫姑神》中记载："妾虽被谪谴，限满原可归仙籍，以私奔故无颜重上天曹。"在这里，天曹同时也是福气、福运的代名词。

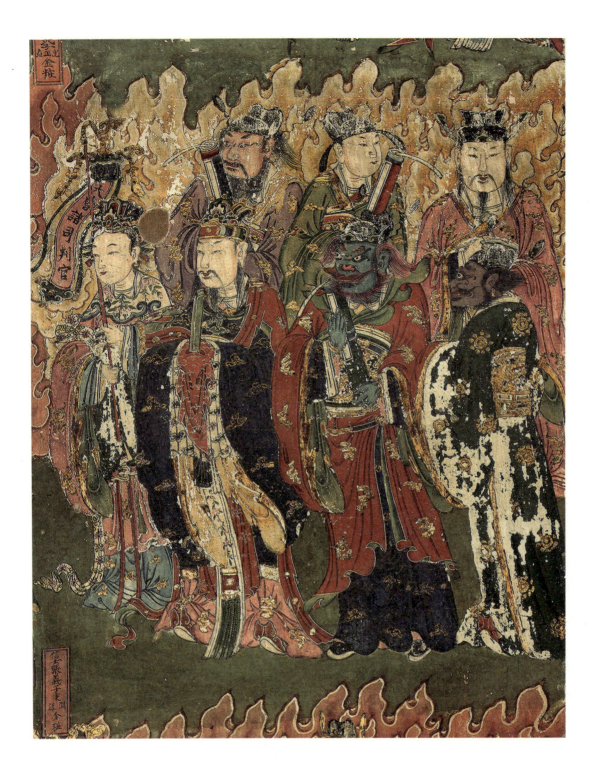

天曹诸司判官，在水陆法会中是指在天曹分科办事的各官署判官，分别是针对天曹道中众生因贪、嗔、痴和身、口、意魔障行为所造下的业障，因此业障而受到天曹诸司判官的惩戒，并依据善恶的深浅程度，区别对待，打入因果报应圈，强行给予应得的果报。

年月日时四值使者——

63

年月日时四值使者即年月日时四值功曹使者，为道教中所供奉的年值神李丙、月值神黄承乙、日值神周登、时值神刘洪四位小神。年月日时四值使者是从事掌握和记录人世界之功过、向天曹诸司传递文书等事务，同时他们也是佛道两教的守护年月日时之神灵，此四值功曹使者在传说中均为凶神，做事应避开为吉。

第五部分

虚空宝藏

虚空菩萨虚空藏

宝藏无处不储藏

呵护众生赐利乐

犹如严父育儿郎

虚空宝藏是殿内水陆众生相壁画中的西侧第 15 幅至 26 幅，是总第 64 幅至第 75 幅的内容，由 12 组水陆故事 73 尊水陆人物组合形成的第五组"虚空宝藏"。虚空宝藏是虚空藏菩萨引领的主风主雨主雷主电诸龙神众、主苗主稼主病主药诸龙神众、主斋护戒诸龙神众、三元水府大帝众、顺济龙王、安济夫人、大将军黄幡白虎蚕官五鬼众、金神飞廉豹尾上朔日畜神众、阴官奏书归忌九伏兵力士众、吊客丧门大耗小耗宅龙诸神众、护国护民城隍庙社土地神祇众。长卷约 10 米，是传法正宗之殿八幅长卷之第五幅。在水陆法会中认为，众生拥有"虚空宝藏"长卷，并悉心供养，可得到虚空藏菩萨的无量济度，始得尊师敬长密法，获得无穷利益，享受无尽福报。第五幅长卷以从左至右的前后顺序分别解读"虚空宝藏"如下。

虚空藏菩萨——

64

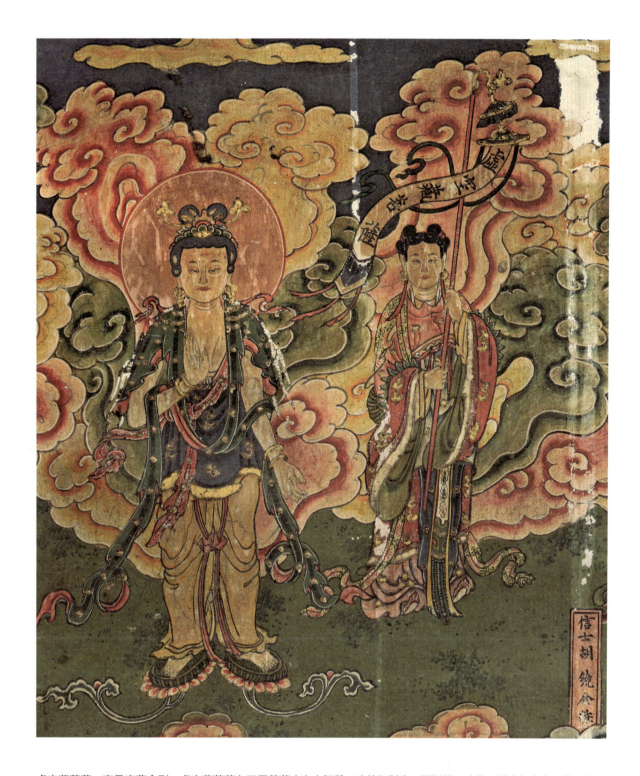

虚空藏菩萨，密号库藏金刚。虚空藏菩萨在无量菩萨中专主智慧、功德和财富。因智慧、功德、财富如虚空一样广阔无边，并能满足世间一切如法持戒者的善求善愿，使无量无边众生获得无穷利益，故有此虚空藏圣名。虚空藏菩萨他犹如父亲对子女般的呵护众生，具有赐予利乐的力量，"藏"表示无限福德智慧，"虚空"表示广大。《大方等大集经》指出：虚空藏如同富翁，相应困苦众生，只要到她面前，即会施予救济。因此，虚空藏菩萨是以济度、利益、利乐众生为乐的菩萨。诚实供养虚空藏菩萨能够使您避开破财、败财的灾难，使您财路畅通无阻，且能生财聚财，得八方贵人相助，远离小人，人财俱旺。

主风主雨主雷主电诸龙神众——

65

风雨雷电是先于人类而存在的大自然现象，原始人类对其充满了神秘和恐惧，认为这种现象是神在支配，于是产生了风伯雨师雷公电母的崇拜。风伯又称风师、箕伯，道教认为，风伯是天帝的下属神。其作用一是受天帝命令刮风或息风，二是为天帝的信使。雨师又称屏翳、玄冥，为司雨之神。道教认为，雨师是二十八宿中西方七宿之第五宿之毕宿，由金牛座的八颗星组成。雨师的司雨功能后来逐渐被龙王取代。雷公又称雷神、雷师，为司雷之神，道教认为雷公可替天行道、镇妖驱邪、惩治忤逆不孝的恶人。电母又称电神、闪电娘娘，为司主闪电的神明。同时风雨雷电是代天执法的神明，惩戒邪恶，主持正义。

主苗主稼主病主药诸龙神众——66

先民基于对自然的崇拜，认为万物都是神灵护佑及支配的，包括与人类生活最相关的苗、稼、药、病和五谷。画面前排持穗者为主稼之神，持丹者为主药之神，持苗者为主苗之神，持枯木者为主病之神。画面后排大将军模样者是守护五谷之善神，恶鬼模样者是破坏五谷之恶神。整体画面表现的是稼神、药神、苗神、病神和守护五谷之善神，破坏五谷之恶神神众。

佛教、道教在进行重大法事活动中，都要求参加法事活动者守斋护戒，以保持清净身心。所谓斋，是指饮食，指正午以前按规定时间吃素餐。所谓戒，是指清规戒律，以防身心之过，如戒杀生、戒饮酒、戒男女房事等。在佛教的理念中，三皈依后有36位护法神护持法体、受五戒后有25位护戒神日夜护持着四众的法体。但是，只要犯戒或修持外道，这些善神们就会立刻离开法体，由守护斋戒的龙神针对所犯之斋戒做出相对的惩罚。而在法事活动中，针对违戒者将会受到守斋护戒诸龙神众的严厉惩罚。

三元水府大帝众———

68

水府在神话传说中是水神或龙王所住的地方。扶桑大帝住于碧海中，又与道教三官之水官相联系，称："三品五炁解厄水官扶桑大帝"《太上洞玄灵宝三元品戒功德轻重经》记载，天官有三宫三府三十六曹，地官有三宫三府四十二曹，水官有三宫三府四十二曹。《太上洞玄灵宝授度仪》记载，水府扶桑大帝可指挥三河、四海、九江、四渎、五湖、七泽等水域，以及水沉没罪魂之众。《宋史·礼志五》记载："诏封江州马当上水府，福善安江王；太平州采石中水府，顺圣平江王；润州金山下水府，昭信泰江王。"壁画中绘画的前三位是三元大帝，即穿紫袍者地官大帝、穿黄袍者天官大帝、黑脸是水官大帝。后三位是水府马当、采石、金山。

顺济龙王、安济夫人是一对龙神眷属，农历六月十三日是顺济龙王的诞辰日，她们都是保国护民的神。顺是顺利，合乎心意的意思。济是接济、渡过、渡河的意思。安是安抚，安定，平安的意思。顺济、安济意为均可顺利安抚的护民之举。在水陆壁画中前面持圭如王者是顺济龙王，后面持圭如贵妇人者是安济夫人，其余为顺济龙王、安济夫人的侍从。

大将军黄幡白虎蚕官五鬼都是阴阳家、堪舆家眼中的凶煞。大将军、黄幡与豹尾、太岁、岁破、太阳、岁杀和岁刑合称八将军，八将军所在的方位时日，均须避忌。《星历考源》载："大将军者，岁之大将也……凡兴造皆不可犯"。"黄幡，旌旗也，常居三合墓辰，所理之地，不可开门、取土、嫁娶、纳财、市买及有造作，祀之者主有损之。""白虎，这里为六壬十二将之一，为凶煞。"六壬为古代占卜三式这一，其余二式为太乙，奇门遁甲。十二将为六壬占卜术中所用的十二天神将，以天乙贵人为主，居中，前左方有五位水、火、土之神：螣蛇、朱雀、六合、勾陈、青龙；后右方有五位金、水、土之神：天后、太阴、玄武、太常、白虎。白虎主道路、信息、兵戈、动众、威权、财帛、犬马、金银、宝物。蚕官即蚕神，司蚕之神。中国古代传说中认为，黄帝夫人嫘祖是蚕神。故中国古代民间淬的蚕民都为女神。这里画的蚕官即是面露凶相的男官，可能是因为与五鬼相配之故。中国民俗中蚕官信仰由来已久，这与我国以蚕丝织衣的悠久历史有关，期盼蚕官能保护蚕宝宝不受病虫伤害，以保蚕丝丰收。这里的五鬼不是民间相传的瘟神之类，在道法中的五鬼乃源自矛山术的道法，他们分别是：曹十、张四、李九、汪仁、朱光。画中前四位是大将军，黄帆，白虎，蚕官，后五位即是五鬼将军。

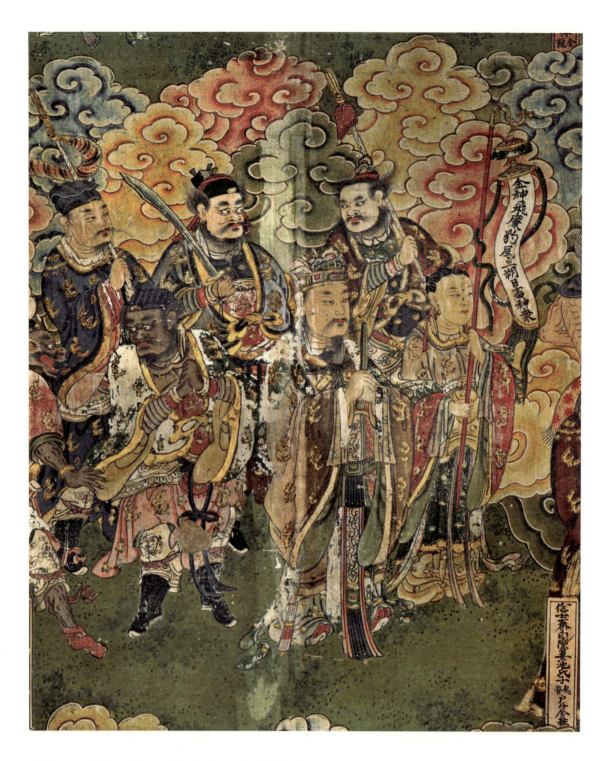

金神、飞廉、豹尾、上朔、日畜神众，都是阴阳家、堪舆家眼中的凶神，每年在不同的方位值守。《三命通会》载："金神，破财之神。"主兵戈、丧乱、水旱、瘟疫。金神忌讳极多，所理之地，忌筑城池、建宫室、竖楼阁、广园林、兴工、上梁、出军、征伐、移徙、嫁娶、远行、赴任。飞廉，最主有权，克妻害子，为煞最专。豹尾是管理兽类动物亡灵的冥帅，和鸟嘴、鱼鳃、黄蜂并称"四大阴帅"。"四大阴帅"分别管理路上兽类、天上鸟类、水中鱼类以及地上昆虫等各处动物的亡灵。不过这只是民间巧立名目、杜撰的说法。豹尾本是我国古代方术中虚拟的岁神名，其凶犹如虎贲之象、先锋之将。豹尾常与岁神黄幡相对，豹尾所在之方，不可嫁娶、纳奴婢、进六畜及兴造，犯之者破财物，损小口。豹尾与凶神吊客、丧门等相同，其所在之地均应避忌。画中前排分别是金神、飞廉、豹尾之神，后排是上朔、日畜神，后排身穿蓝衣者为日游神。

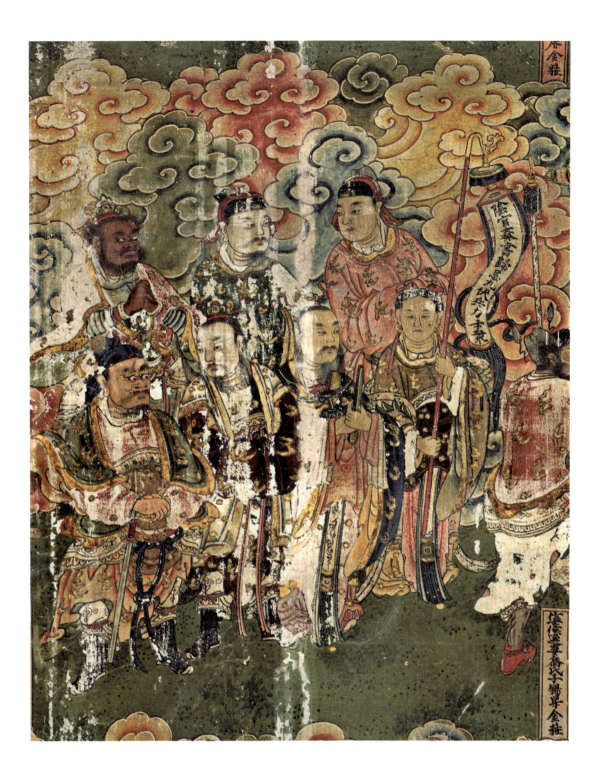

这幅水陆人物图中绘画的是在阴曹地府中专门记录阳世出入犯忌的人或团体。阴官，钱仲联集释。"题为祈雨，此句又与上旱气相对，阴官似当作雨师水神之类解。"《避暑录话》卷上："元丰间，有监黄河埽武臣，射杀埽下一鼋，未几死而还魂，云为鼋诉于阴府，力自辨鼋数败埽，以其职杀之，故得免，而阴官 韩魏公也，冥间呼为真人。"奏书为福星，代表福禄、文书之喜，主消息灵通，若逢之者，主金榜题名、升迁快速。归忌，丛辰名，其日忌远行归家、移徙娶妇，意思就是那天忌讳从远方归家，忌讳搬迁及娶妻。

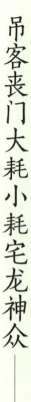

吊客丧门大耗小耗宅龙神众——

74

吊客、丧门、大耗、小耗一般被理解为凶神。吊客主孝丧之事，如大运、流年遇之，再加上八字组合不好，往往会有灾祸发生。吊客也称为太阴，它与官符对冲，为小凶星，主是非口舌不断、亲人离世。《纪岁历》曰，吊客者，岁之凶神也，主疾病、哀泣之事。常居岁后二辰，所居之地不可兴造及问疾寻医、吊孝送丧。偈语"丧门入命心不安，求财求喜多枉然。若无内孝有外孝，命犯丧门泪涟涟。丧门再与白虎并，需防亲人有凶险。"大耗也称为岁破，是大凶星，主有大的耗失，凡事不可为，通常是指天运不佳，一般是指先天方面。《广圣历》曰，岁破者，太岁所冲之辰也，其地不可兴造、移徙、嫁娶、远行，犯者主损财物及害家长。《历例》曰，大耗者，岁中虚耗之神也，所理之地，不可营造仓库纳财物，犯之当有寇贼惊恐之事。如果是修桥梁、筑堤岸等损自己的财物，来利益众生，就为大吉利了。小耗也称为死符，是小凶星，多主丢失，耗费，常常居于大耗后一位，还没有达到大耗，所以称为小耗。在这一组壁画中的龙是指镇宅龙神，狗是看家护院之神，因为龙、狗是镇宅之神，亦有护善之功，故被视为吉神。

护国护民城隍庙社土地神祇众——

75

城隍原义为护城壕沟，后演变为道教管理地方的神。宋朝时，于地方有功者，被祀为城隍。清朝后，城隍神已从地方保护神升格为护国安邦、除暴安良、统辖云魂、调风和雨之神。城隍崇拜的由来是护城佑民、主掌冥籍之神。城隍神是中国老百姓早年奉祀的重要神祇之一，尤其是明清两代，普天之下各府、州、县城，包括皇城之内皆修有城隍庙，对城隍神的奉祀亦被列入国祀之典制，画中城隍、土地典范神众。

第六部分

转身成佛

修罗修罗勿作恶

大威菩萨当头喝

威严渡众施善果

大千世界禅中和

　　转身成佛是殿内水陆众生相壁画中的东侧第40幅至48幅，是总第76幅至84幅的内容，由9组水陆故事69尊水陆人物组合形成的第六幅长卷"转身成佛"。转身成佛分别绘画以大威德菩萨引领的阿修罗众、大罗刹众、罗刹女众、旷野大将众、般支迦大将军、巨畔拏众、诃利帝母众、大叶义众，画卷长约7.88米。在水陆法会中认为，众生供养"转身成佛"长卷，可得到大威德菩萨大威势、大慈德慈悲心的呵护，远离鬼道和魔道，豁然顿悟，福德永济，成就佛缘，引导众生结缘善果，转身成佛。第六幅长卷以从右至左的前后顺序分别解读"转身成佛"如下。

大威德菩萨————

76

大威德菩萨隐意为：具有大威势，足以蛰伏恶魔，具有大慈德，足以救助众生。并以大威德菩萨的无边力量之功德和慈悲
心普济阿修罗间众生远离鬼道和魔道，回归到善行的佛、菩萨道中，断除一切魔障，摧伏一切恶龙，往生极乐世界，在大
威德菩萨的保护下不受恶神打扰，心离烦乱，专心致志修习禅定，远离六道轮回之苦。

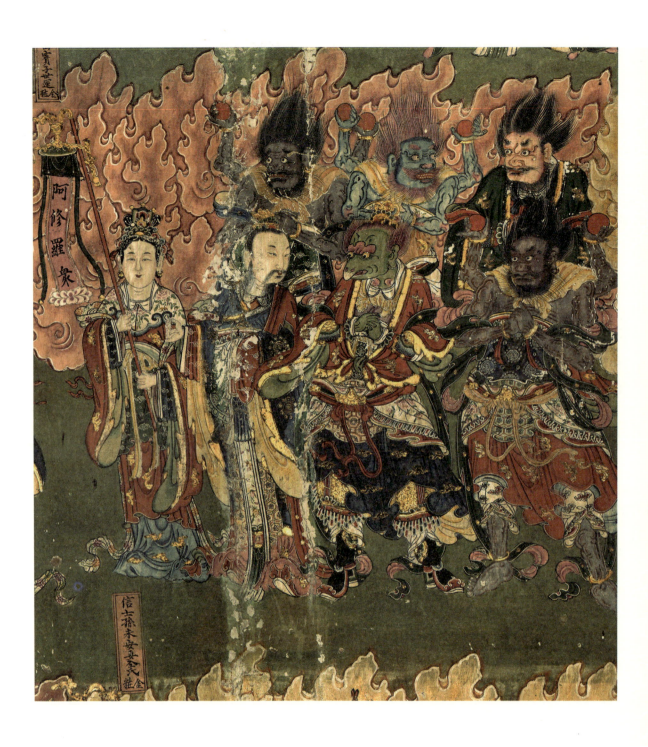

阿修罗原是印度远古诸神之一，被视为恶神，属于凶猛好斗的鬼神，经常与帝释天争斗不休。阿修罗译意为无端正，无端正自然长相丑陋，且凶狠好斗。说他是天神，可他却没有天神的善行，而和鬼蜮反而有相似之处；说它是鬼蜮，可他具有神的威力和神通；说他是人，可他虽有人的七情六欲，但又具有天神、鬼蜮的威力。他们介于神、鬼、人之间，是非具有大威德菩萨难以教化的众生。阿修罗间众生在修成正果之前是不分善恶、无拘无束、为所欲为、以自己为中心的这么一个群体。唯有在大威德菩萨的震慑和度化之下，转恶从善才会一心向佛，护持众生，利乐众生。

大罗刹众

78

大罗刹是指阿修罗界具有大威力的男罗刹。男罗刹凶狠而好斗，黑身、朱发、绿眼，一般是丑陋凶狠的相貌。罗刹在佛教中一般被理解为恶鬼之名，最早见于《梨俱吠陀》。书中记载，他们具有神通力，可于空中疾飞，或速行于地面，为暴恶可畏之鬼神。他们在佛陀的教化下，转恶从善后，誓愿守护佛法及正法行人，成为佛教中佛法僧的守护神。

罗刹女特指在阿修罗界中具有大威力的女罗刹，她与男罗刹同样被认为是印度神话中的恶魔。罗刹女原名玛丽，富有魅人，如绝美妇人，通过肌肤接触改变他人的记忆、夺取对方的能量甚至生命。传说罗刹女专以美貌勾引男士，起初把男士培养的白白胖胖的，并与其生下儿女，一并吞下，一饱口福，如雌性蜘蛛交配后吃掉雄性蜘蛛一样；亦如交配中的螳螂，一边交配，一边从公螳螂头部向尾部吃去，吃到腹部为止。又因天界神灵看重阿修罗界的罗刹女貌美，不时到阿修罗界去抢罗刹女，引起阿修罗界的男罗刹不满，成为天界与阿修罗界引起战争的祸水。

旷野大将众——

80

旷野大将是十六药叉神之一，是古代佛寺设鬼庙供奉的神将，亦是每日施食的对象。音译为阿咤薄俱、阿咤婆拘、遏咤薄俱、遏咤薄，又称旷野鬼神、旷野鬼、旷野夜叉、旷野鬼神大将。旷野大将一般被理解为是镇守边关的大将，意为无所依处、无所居处，漂泊不定的边关大将。他们是为了守护国家的安宁，哪里需要到哪里的英雄人物。

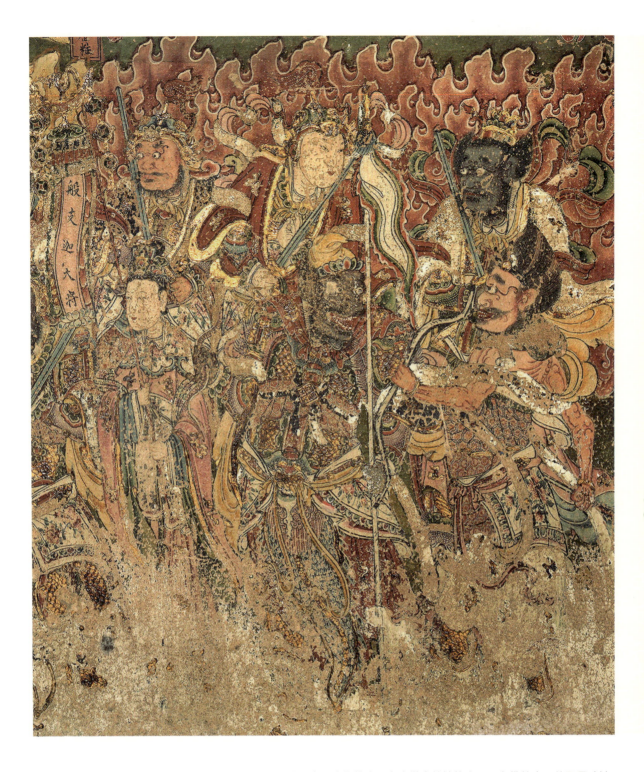

般支迦大将是十六药叉神之一，是诃利帝母的丈夫，也是中国古代佛寺设鬼庙供奉的神将之一。在佛教中，他既是武神，又是财宝的守护神。般支迦大将于旷野大将都是守护国家安宁的神将，因为他们为了国家的安宁坚守边关、恪尽职守，而无所定处、无所依处，成为历朝历代深受人间烟火供养、恭敬的神将。

矩畔拏众

82

矩畔拏是南方增长天王的部属。在《孔雀经》中记载，南方有大天王，名曰增长，是巨畔拏（诸魔鬼）之主。南方增长天王以无量百千巨畔拏为眷属，并以增长天王的德份教化矩畔拏众远离鬼道和魔道。韦驮菩萨就是南方增长天王的部属。据说，在佛祖入涅时，邪魔把佛的遗骨抢走，韦驮及时夺回。因此佛教把他作为驱除邪魔，保护佛法的天神。从宋代开始，中国寺庙供奉韦驮菩萨，他一般是在天王殿弥勒佛像背后，面向大雄宝殿释迦佛，护持佛法，并护助佛门弟子。

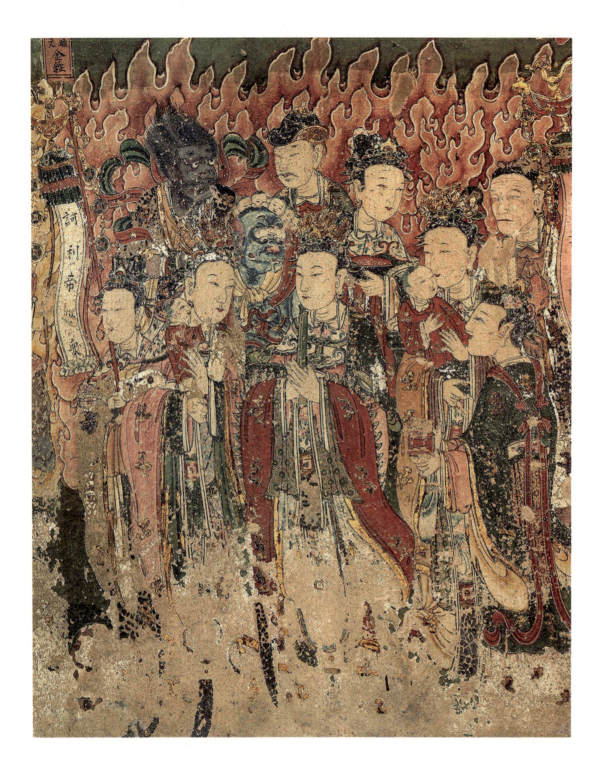

诃利帝母即鬼子母，是古印度教二十诸天之十五天。壁画中前排居中者是转善后持圭受封的鬼子母，身后为各大转善后的大罗刹和罗刹女众。鬼子母，又称欢喜母、爱子母、暴恶母或母夜叉、罗刹女。母夜叉原为婆罗门教中的恶神，专吃人间小孩。传说，鬼子母自己生了五百个儿子，个个宠爱有加。但是她天天要吃王舍城里别家的小孩。佛尊得知此事，规劝不从，遂以法力藏起她的一个儿子。鬼子母想念她的孩子，急得又哭又闹到处寻找。当她知道孩子在佛身边，便求佛把孩子还给她。佛说，你有五百个儿子，少一个就着急，人家只有一两个孩子，被你吃了那又怎么办呢？鬼子母幡然悔悟，皈依佛门，成了育子、安产、护持佛法之神。

大叶义众

84

这一组壁画反映的是大威德菩萨所引领的阿修罗间众生，是在第六幅长卷水陆画人物中没有提及却具有大威力的众将士，他们犹如一棵参天大树的具备正义之举的大树叶，为佛法这一主干制造养分，成为护持佛法的保护神。这些在前面未提及的保护神众在梵文中被统称为大叶义众，享受人间烟火供养。

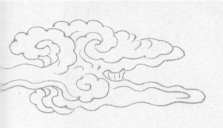

醒世长卷

善果善报福德堂

恶行恶为苦业长

施物施财寿永康

作善作恶自分场

　　第七部分是醒世长卷。殿内水陆众生相壁画中的西侧第 27 幅至 62 幅，是总第 85 幅至 120 幅的内容。由 36 组水陆人物故事 236 尊水陆人物形成的第七组"醒世长卷"。醒世长卷是地藏王菩萨引领的十殿冥王、地府六曹判官、地府三司判官、地府都市判官、地府五道将军、善恶两部牛头阿傍诸官曹众、八寒地狱、八热地狱、近边地狱、孤独地狱、启教大士面燃鬼王、主病鬼王五瘟使者、大腹臭毛针咽巨口饮噉不净饥火织燃、水陆空居倚草附水幽魂滞魄无主无依、枉滥无辜含冤抱恨诸鬼神、投崖赴火自刑自缢诸鬼神、赴刑都市幽死桎牢诸鬼神、兵戈荡灭水火漂焚诸鬼神、饥荒饿殍病疾缠绵诸鬼神、墙崩屋倒树折崖推诸鬼神、严寒大暑兽咬虫伤诸鬼神、堕胎产亡仇怨抱恨诸鬼神、误死针医横遭毒药诸鬼神、身殂道路客死他乡诸鬼神、地狱饿鬼傍生道中一切有情、六道回生中中有情众。醒世长卷是永安禅寺传法殿绘制水陆人物八幅长卷之第七幅，在水陆法会中认为众生供养"醒世长卷"众鬼神，可在地藏王菩萨的护持下脱离三恶道苦业，得到十殿阎罗王的慈悲心，免去前罪，重新积善，脱离畜生道、饿鬼道、地狱道无尽火坑、寒冰、孤独苦业，断绝生死，不断精进，福德永驻。第七幅长卷以从左至右的前后顺序分别解读"醒世长卷"如下。

地
藏
王
菩
萨
——

85

地藏王菩萨为幽明教主，四大菩萨之一，因其安忍不动犹如大地，静虑深密犹如秘藏而得名。佛典载，地藏王菩萨在过去世中，曾经几度救出自己在地狱受苦的母亲，以大孝和大愿的德业到处现身说法救度众生。地藏王菩萨在无量无边劫中早已功德圆满具足，成就佛位，但地藏王菩萨发愿地狱不空誓不成佛，故隐其真实功德，以本愿力和自在神通普济群灵，度尽一切众生。

秦广大王

86

秦广王是十殿阎王之一，主掌地狱的一殿，管人间长寿夭折、出生入死、幽冥吉凶，二月初一是其诞辰日。人间的一生功过，经各地城隍、土地、查察司汇报本殿，由秦广王亲审宣判。对罪孽深重者，押赴殿右高台，名曰孽镜台，令之观望，照见在世之时所造罪孽，随即发配各大小地狱去承受应得的因果酷刑以消罪孽。对待功过两半者，送交第十殿转轮王转生人世间，男转为女，女转为男。或者按照其生前所造善恶发放投胎，或男或女、或贫或富都承受其应得到的果报。对待善人寿终，恭送超升到佛界或投生到富贵人家享受人间福报。

楚江大王

87

楚江王光明正大，司掌地狱道活大地狱，三月初一是诞辰日。该地狱又名剥衣亭寒冰地狱，另设十六小狱，是地狱道中的第二殿，堕此殿是违伦常，乱法纪，造业无数，至死不悔之恶徒，如在阳间欺骗大众玩弄法纪导致灾难、利用权位、巧取豪夺、吸民膏脂、符咒惑人、谋财产、拐诱少年、逼良为娼、走私贩毒、鱼肉乡民、诈赌坑人、非法骗婚、伪造或篡改契约、贩卖伪药、扰乱秩序、危害健康等生前所造之罪业。此殿判案严明，随业轻重，各受其报，或一处报，或多处报，乃至十六处之多。此殿设有火柱、铁床、钢叉、剑叶、犁地、鞭挞、砧截、寒冰等小地狱，个个刑罚严酷，无不悲惨难熬。来此受罪者依其生前所造之业而受相应果报。生前杀生害命，如还有余罪未报，再堕入其他地狱受余报。此地狱之十六小地狱，一处比一处痛苦，仿佛连环狱一般，种种刑苦，永无间断。

宋帝大王

88

宋帝大王掌管地狱道黑绳大地狱，二月初八是其诞辰日。此地狱为地狱道第三殿，另设十六小狱。堕此地狱者，其罪根多因邪见、诳怨、愚痴、好杀所致，此地狱中的罪人，身陷于无边无量之热焰中，遭黑绳束缚，后被推堕于利刃铁刀热地之上，一旁有铁焰牙狗来啖食。一切身被剥离啖食，凄惨无比，悲声叫唤，无有救者，至罪孽消毕，其罪自尽。如果转世为人，其身份鄙劣下贱，在饥渴交迫的环境中受无尽苦。此地狱之苦更胜于第二殿的寒冰地狱。

五官大王掌管地狱道合大地狱，二月十八是其诞辰日。该地狱又名剥戮血池地狱，另设十六小地狱，为地狱道第四殿。此大地狱之苦又胜于前二者，堕此地狱之罪根为生前杀、盗、邪三重恶业所造，殿前设有腰斩、拔舌、沸汤、剥皮、剑树、火崩与射眼地狱。其中最丧胆者，莫过与火眼地狱，罪犯至此难熬而哭，哭出血泪，泪化烈火，延烧全身。夜叉发觉，复以烙钩勾其咽喉，灌入锡铜于体内，又以铁丸塞其肛门，令内外夹烧，痛苦永无歇时。这种痛苦，必得心中欲火燃烬才能消尽果报。此地狱之苦又胜于三殿的黑绳地狱。

阎罗大王

90

阎罗大王司掌地狱道第五殿叫唤大地狱，正月初八日是其诞辰日。此殿另设十六诛心小狱，阎罗王曰，吾本前居第一殿，因怜屈死，屡放还阳申雪，降调司掌叫唤大地狱，并十六诛心小地狱。凡发至此殿者，押赴望乡台，令之望见世上本家，因罪遭殃各事，随即推入此狱，细查曾犯何恶，再发入诛心十六小狱，钩出其心，掷与蛇食，铡其身首，受苦满日，如有余报，另发到其他殿内再受果报，如果恶业报已满，发送到十殿转轮王处交由孟婆神灌入迷魂汤。使其忘记前生之事而以果报的深浅投胎转生。

卞成大王

91

卞（变）成大王司掌地狱道第六殿叫唤大地狱及枉死城，三月初八日是其诞辰日。此地狱另设十六小地狱，此狱之
罪苦又胜于前面种种。因所造之杀生、偷盗、邪行、饮酒之罪皆较前为重，故其苦更深、更烈。每受其苦，罪人啼
哭叫吼，声声悲号，故称叫唤大地狱。此地狱对于打妄语所造之罪有更加深重的果报，受报的时间较前更长。受报
之苦比第五殿叫唤大地狱更烈。

泰山王司掌地狱道第七殿热恼地狱，三月二十七是其诞辰日。此狱又名碓磨肉酱地狱，另设十六个小地狱，此狱之果报，是给前世所造下的如杀、盗、邪见、邪行、饮酒、妄语等业，而又丝毫没有忏悔之念的造作之人设立的。凡此罪人，身坏之后，堕此大地狱。在阳世凡盗窃、诬告、敲诈、谋财害命者，在此遭受下油锅之刑罚的果报。此狱之苦又更胜于前，此间火烧无有一念间断，业尽得脱，于三百世中堕饿鬼，二百世中堕畜生，若得人身，尽其生命空无福德，所报苦业比第六殿大叫唤大地狱更加严厉。

平等大王

93

这一组把平等大王的"等"字写成了"筹"的繁体字了,是错误之一。错误之二是,把"平等大王"与"都市大王"的前后次序颠倒了。平等大王掌管地狱道第九殿最大的地狱,四月初八是其诞辰日。此殿又名阿鼻大地狱或者无间大地狱,另设十六小地狱。此狱中受罪之苦更胜于前,凡在阳世杀父、杀母、杀人放火、斩绞正法者,交到本殿。用空心铜桩链其手足相抱,煽火焚烧,烫烬心肝,随发阿鼻十六小狱逐步受刑。直到被害者个个投生,方准提出,交给第十殿转轮王发入六道之三恶道中再受果报之苦。

都市大王

94

都市大王司掌地狱道第八殿大热恼大地狱，四月初一是其诞辰日。此狱又名恼闷锅地狱，另设十六小地狱。凡在世不孝，使父母翁姑愁闷烦恼者，掷入此狱，再交各小地狱加刑，受尽痛苦，解交第十殿，改头换面，永为畜类。此狱之苦，一切无间，血灌其身，烧煮而死，死而复生，生而复死。业尽堕饿鬼、畜生道受尽饥渴苦，相互食苦。转生于人世得贫穷多病，热恼心乱不止，短命报，此报为残余果报。

转轮大王

95

转轮大王专司地狱道第十殿，四月十七是其诞辰日。从以上各殿解到的鬼魂，由转轮王分别善恶，核定等级，发四大部州投生。男女寿夭，富贵贫贱，逐名详细记载，汇知第一殿注册。凡有作孽极恶之鬼，着令更变卵胎湿化，朝生暮死，罪满之后，再复人生，投胎蛮夷之地。凡发往投生者，先令押交孟婆桥灌饮迷魂汤，使其忘记前生之事，并以果报的深浅投胎转生。

地府六曹判官是地藏王菩萨的部下，是掌管阴间的生、死、善、恶、薄、刑的判官。六曹判官分为左右两班，左班是天曹、地曹、冥曹；右班是神曹、人曹、鬼曹。六曹判官的职责是审理六曹之事，由他们审判完的公文呈送给地藏王菩萨即阴天子，并且及时把诏令迅速下达到相对应的地方，同时把鬼魂直接发送到相对应的十殿之中，由十殿阎王发配到各地狱受罚。地府中的判官都是因为生前不畏强势，行事公平、公正，铁面无私或因遭到小人暗算之人。

地府三司判官 —— 97

地府三司判官是赏善司、罚恶司、查察司的三司判官。赏善司执掌善薄，身着绿袍，笑容可掬，生前行善小鬼全部由他安排，根据生前行善程度大小、多少予以奖赏。罚恶司身着蓝袍，怒目圆睁，双唇紧闭，一副公事公办的样子。凡来报到的鬼魂，先经孽镜台前映照，显明善恶、区分好坏。生前作恶的坏鬼全部由他处置，他根据阎罗王的四不四无原则量刑（四不：不忠、不孝、不悌、不信；四无：无礼、无义、无廉、无耻），轻罪轻罚，重罪重罚，再交阴差送到罚恶刑台上，送往十八层相对应的地狱，直到刑满，再交轮回殿，拉去变牛变马，变虫变狗等。察查司双目如电，刚直不阿，一副大义凛然的样子，其职责是让善者得到善报，好事得到弘扬，使恶者受到应得的惩处，并为冤者平反昭雪。

98

传说在地府中的判官，都是因为前世刚正不阿，办事公正而被恶人陷害，受尽羞辱的正直之人，他们转入地府备受尊敬，成为地府都市判官，伸张正义，以律惩治恶人。地府如同人间社会，官位也有高低贵贱之分，各官都各司其职。地府都市判官是专门管理地狱大都市的判官。

地府五道将军 ——

99

佛教谓天、人、畜生、饿鬼、地狱五处轮回之所为五道。按照道教说法，五道将军是东岳大帝的属神，掌管世人的生死与荣禄，在冥府的地位要比判官高。五道将军的权力似乎可代替阎罗王决定世人寿限，但与阎罗王不同的是，五道将军颇富同情心，他能帮助、成全弱者实现自己的理想，是个具有正义感的冥神。五道将军的职责是管理阴间地府通向东南西北上五个去处的出入口。

善恶二部牛头阿傍诸官曹众——
100

善恶二部和牛头马面二位将军都是地狱中的神灵。善恶二部是指善神与恶神，壁画中后排持持钗者和持狼牙棒者是牛头马面，人身牛头与人身马头，二位专管阴间地府的巡逻和接引堕入地狱中的诸鬼众，亦称为勾魂使者。民间传说，牛头马面在前世是好朋友，约定在桥下相会。前者在桥下被水冲走而死，后者知道前者是因为自己没有按时来到而死，就跳河自尽。因为两个人生前诚实守信，到阴间后成了牛头马面二将军。他们对待朋友诚实守信而轻视生命，给父母、妻儿带来了失去亲人的最大痛苦。他们堕入地狱后因为他们对待朋友诚实守信，成为地狱中的神灵。又因为他们轻视生命，缺乏变通，不能对父母尽孝道等原因失去了转入人类的资格，他们分别变成了牛头、马面，永不能转世为人。

八寒地狱

101

八寒地狱就是八种惩治堕入地狱中受罚众生的酷寒地狱。一是身寒生疱,二是身寒疱破,三是唇舌冻僵、发出颤声,四是口发朦朦婆声,五是不能发声、但因寒冷而发出奇异的声音,六是身体冻裂、像青莲花,七是大折裂、如红莲花,八是因寒冷导致骨折,如大莲花或白莲花形状。意喻因前世的恶堕入八寒地狱受尽寒冷之中应得的苦报。

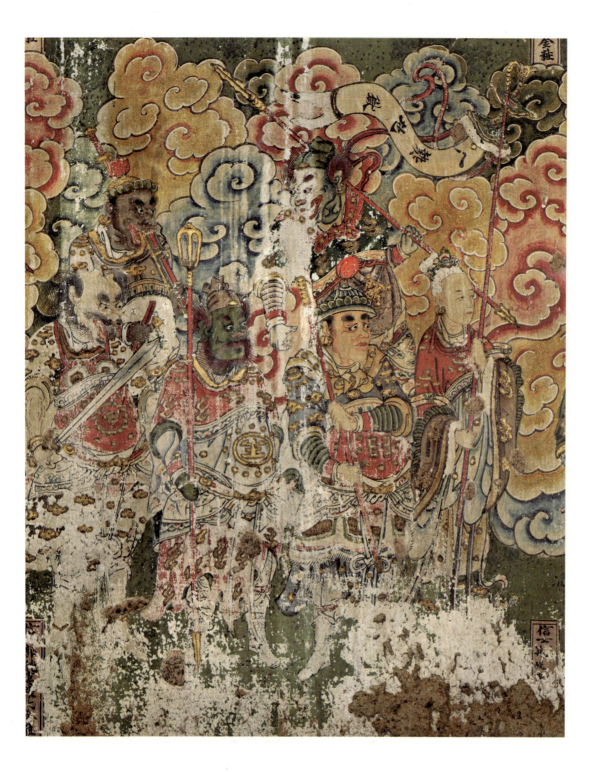

八热地狱就是八种惩治堕入地狱中受罚众生的酷热地狱。一是等活地狱，生此者互相残杀，凉风吹来死而复活，更受苦害。二是黑绳地狱，以黑铁绳绞勒罪人。三是众合地狱，以众兽刑具等配合，残害罪鬼。四是叫号地狱，罪人受苦折磨，发出悲号。五是大叫唤，罪鬼受的酷刑比先前更重，哭天喊地。六是炎热地狱，以铜、炭坑煮烧罪鬼。七是大热地狱，罪鬼受煮烧比前更烈。八是阿鼻地狱，即无间地狱，在地下之最底层，余大地狱重叠其上，受苦更重。

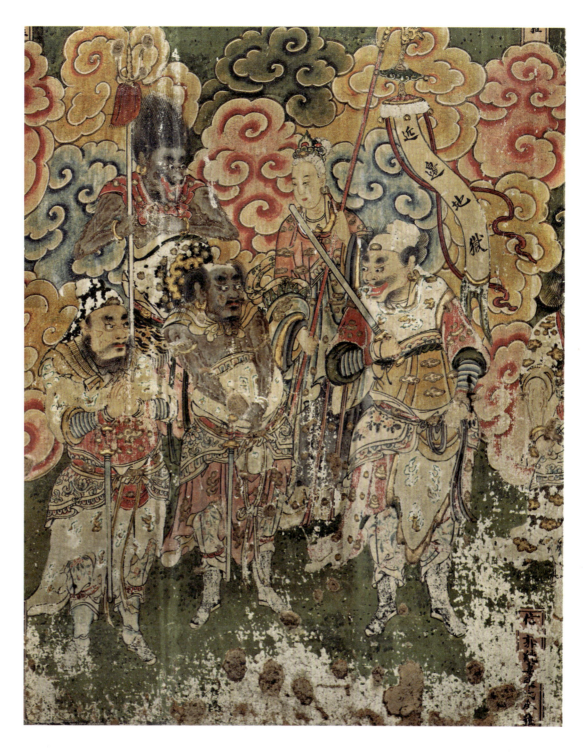

近边地狱

103

近边地狱分为煻煨坑地狱、尸粪泥地狱、利刃原地狱、剑叶林地狱、铁柱山地狱五大地狱。煻煨坑地狱：罪鬼由于无间罪的业力减轻而从无间地狱中解脱，见到远处有黑色的凉荫，高兴前往，结果陷入剧烈燃烧的煻煨坑里，血肉焦烂，痛苦难忍。尸粪泥地狱：罪鬼从前面的地狱中获得解脱，从远处看到一条河流，因为前一大劫毁灭前一直在火堆中煎熬，所以非常干渴，看见水后欣然前去饮用，结果陷入散发浓烈臭气、糜漫许多小虫的腐烂尸体的污泥内，最后头也没入其中，被许多具锋利铁喙的昆虫啄食，感受无量痛苦。利刃原地狱：罪鬼从前面的地狱中解脱出来后，看到有一悦意的青青草原，欣然前往，结果遇到的却是一片兵器所成的利刃原，整个大地长满形如草一样锋利燃火的铁刺，脚踏在上面立刻被戳穿，抬起时又恢复，再踩踏时又如前痛苦难忍。剑叶林地狱：从地狱中刚刚解脱出来的鬼道众生，看到悦意的树林，兴奋地狂奔而去，却遇到剑叶林。铁树上生长许多像树叶一样的利剑，随风飘动，将这些鬼道众生的身体切割成碎片，复活后又割截，如是感受切割的痛苦。铁柱山地狱：毁坏梵净行、破戒律的出家人或行邪淫的众生转生在此地狱，由于业力的牵引，来到恐怖的铁柱山前，听到山顶上有昔日喜爱的友人呼喊自己，便向山上攀登。此时被铁树上生长的、指向下方的树叶刺穿，爬上山顶时，乌鸦、鹰鹫等前来啄食他们的眼睛。这时，又听到山下传来呼喊他们的声音，如前一样又向山下奔去，所有的树叶又指向上方，从他们的前胸刺入穿透后背，到了山脚下被可怖的铁男、铁女拥抱，将他们的头吞入口中，从嘴角两边流出白色的脑浆，使其异常痛苦。

孤独地狱并不因众生共业而现，而因众生个别之恶而生。因处所不定，所以痛苦也是不定的。有的夹于山崖中，有的困于石头内，有的冻结在冰里，有的煮于沸水中，有的焚烧在火里。因此，有的众生藏在树木内的孤独地狱中，有人伐木时，它们需要感受肢体和分支被砍断的痛苦，还有些众生的孤独地狱就是在日常使用的杵臼、笤帚、瓦罐、门、柱子、灶石、绳子等中。

壁画中的启教大士面燃鬼王是开启水陆法会、超度一切往古众生的启导者。壁画中左侧前者是启教大士阿难。阿难是释迦佛十大弟子之首，被称为多闻第一，是无私和仁慈的象征。右侧居中者是面燃鬼王，在佛教中是观世音菩萨的化身，在道教中是太一救苦天尊的化身，面燃鬼王又叫焰口鬼王，俗称孤魂爷，是饿鬼的王。

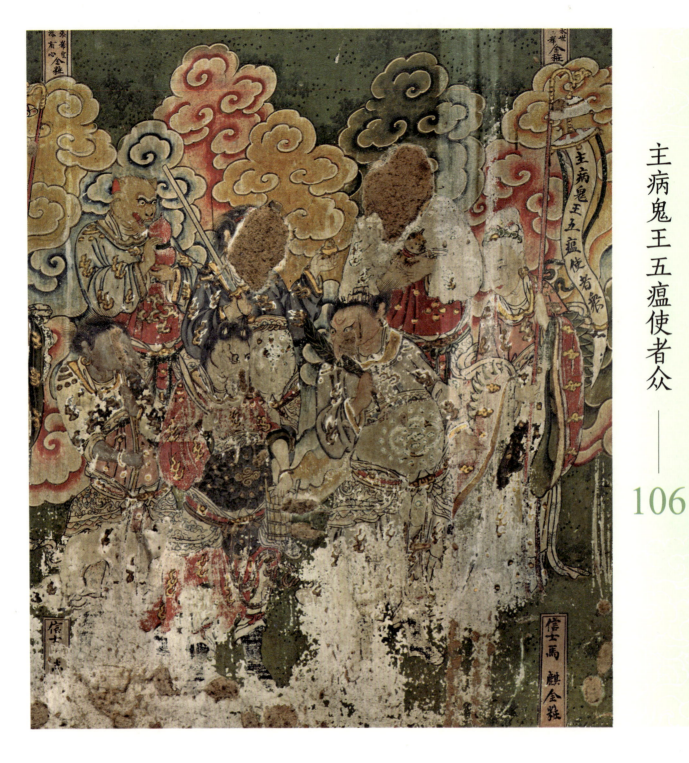

主病鬼王五瘟使者众 ——

106

主病鬼王、五瘟使者是地狱道中的神灵。五瘟使者是春瘟张元伯、夏瘟刘元达、秋瘟赵公明、冬瘟钟仕贵、总管中瘟史文业，是五个瘟疫之神。壁画中拎捅者为总管中瘟史文业，身后马头持葫芦者为夏瘟刘元达，乌鸦头持剑者为冬瘟钟仕贵，虎头持扇者为秋瘟赵公明，鸟头执锤者为春瘟张元伯。

大腹臭毛针咽巨口饮噉不净饥火炽燃众——107

在三恶道中，受饥火炽燃为第一苦报。在壁画中受此报的形象为双眼突出、肌骨外漏、形瘦如柴、血盆大口、脖细如针、肚大如吞、手捧骷髅的恶相。嘴大是贪得无厌，脖细如针福分有限，而胃大消化快。如此身体是咽不下东西去的，消化越快饥火炽燃的苦报越重，犹如现世中贪得无厌、欲望大而满足不了欲望，生活在满足不了欲望的痛苦众生。有这样的苦报是因为前世多吃、多占、铺张浪费的原因而受到的饥饿之果。这一幅图是为了教化众生惜衣、惜食、惜福，不要铺张浪费。当然，浪费不仅仅是指物质上的浪费，还有精神上的浪费。比如父母对我们的爱，社会对我们的爱，夫妻之间、兄弟之间、朋友之间、同事之间的爱，我们没有好好地去珍惜这些爱，同样要堕入地狱遭到无穷无尽加倍对等的苦报。

偈语曰，前世造业害生命，拆散家庭戏儿孙。不孝不敬恶双亲，时辰到来损自身。贫富贵贱得果报，无主无依穷福德。
倚草附水无定处，幽魂滞魄心何住。壁画中描绘的是因前世的恶为而得到的因果报应之恶相，这里既有前世的贫
苦众生、亦有前世高贵的众生。佛教中的众生是没有高低贵贱之分，只有善恶之分，他们前世的因造就了堕入地
狱尽受无依无靠之果报恶业。但是在这一组的绘画中，绘有因商亡后不吃周粟饿死在首阳山的伯夷、叔齐两位义士，
他们的这种义举却被元朝列入地狱之中受无依无靠的果报。

枉滥无辜含冤抱恨诸鬼神众——

109

偈语曰，前世之因后世果，莫把杀人当儿场。今生回报前世因，又把后世果来承。佛恩广大众生平，不分帝王与俗人。含冤抱恨两分明，得道先知化身名。壁画中绘画的是李世民地狱探母之后，在还阳的路中被含冤抱恨的鬼魂众生拦截索命，不得脱身，经面然鬼王点化，借钱施舍，还报因果，最终返回阳间的故事。佛门以此故事教化众生，因果报应不分高低贵贱，李世民作为皇帝在阴间借钱欠债，回阳间得还，我们众生如果在今生欠的一切债如果没有还清，到下世还得加倍去还清所欠的债务。

投崖赴火自刑自缢诸鬼神众——

110

偈语曰,自残自缢不可取,吾之毛发非自己。上有父母下儿孙,个个都是吾身主。谜团之中不知错,无形之中把亲伤。堕入地狱遭苦报,珍惜身体至亲乐。佛教教化众生,自残自缢的人,阴身无处投胎,一直重复原来自残自缢的痛苦,直到有替身来顶替,方可按照自身德份的深浅投胎转世。

赴刑都市幽死桎牢诸鬼神众是因前世犯法被押赴刑场或者市井示众之罪人，触犯国法的众生如在现世中恶业未消尽、幽禁而死，堕入地狱要继续得到因前所犯之罪应得之果报，在阴间受到同样的幽禁苦报。佛教教化众生要遵纪守法，不得违法乱纪、胡作非为，不然会堕入地狱继续受到刑罚的严惩。

兵戈荡灭水火漂焚诸鬼神众——

112

这幅壁画绘画的是因战乱引起的果报痛苦场景。这些痛苦有的是现报因果，有的是前世恶因得到的今世果报。他们虽然在人道中受尽兵戈盗贼抢杀，遭受水漂火焚人间惨相，但是，到阴间还要受到同样的苦报。等到恶业消尽，十殿转轮王判定他们进入六道四生中以因果的轻重得到相应的去处。

饥荒饿殍病疾缠绵诸鬼神众——
113

饥荒饿殍病疾缠绵诸鬼神是因心肠恶毒、无怜悯众生苦而受前世无怜悯众生心遭到的因果报应，受用到自身，有病没钱治、
穷苦缠绵，饥荒、疾病苦果不断伤身而得不到众生的怜悯，受尽苦难。绘画中的人物有受到大肚之苦的众生，这样的苦报
是因为前世或者当世因为歧视或者迫害孕妇而得到的一种苦报，这种病过去叫大肚鼓症，曾经是一种不治之症。

墙崩屋倒树折崖推诸鬼神众——
114

墙崩屋倒树折崖推诸鬼神众皆是狼子野心而遭报应的众生诸鬼神众。受前因得后果，报应墙崩屋倒树折崖推毙命之苦。绘画中有受到惊吓、两手捂住耳朵的、单手捂住耳朵的等，也有上山砍柴被大石头压死、压伤的果报众生。佛教中教化众生，草木皆有情，万物皆有灵，举头三尺有神明，不可自欺与欺他人，要敬畏和怜悯天地三界十方万灵。

严寒大暑兽咬虫伤诸鬼神众——

115

严寒大暑兽咬虫伤诸鬼神众是因欺凌旁类而受到果报的众生诸鬼神众。偈语曰：果报无时无不报，兽咬虫伤皆警示。你交吾换互为因，冤冤相报时难清。放下怨恨与私心，人物互通亦生情。和善相处来相聚，远离六道恶业惩。画面描绘的是人被老虎或者被长虫咬死、咬伤的震慑场景，经受严寒大暑的折磨，这都是受前世因果报应而遭受的恶的果报。

偈语曰：堕胎产亡皆是苦，因缘果报寻得主。不敬父母与儿孙，不敬妇女都是根。世上没有无因果，仇怨抱恨伤烟火。今世修来明世弃，难脱六道转不熄。死于非命今可惜，谁知前世造业绩。佛陀示现震慑相，度化有情众鬼神。弃恶从善诸生灵，天地和谐甘露倾。大同景象无地狱，地藏菩萨成佛身。众生在前世因无明而起的烦恼心，造下诸多业障，福报用尽下堕到地狱，受到相应的堕胎产亡仇冤报恨的苦报诸鬼神众。

误死针医横遭毒药诸鬼神众——117

误死针医横遭毒药诸鬼神众同样是因果之报的有罪之身，偈语曰：行医医德要谨慎，误判误断有报应。今生你误他人命，来世他人索你魂。专心下毒害群灵，横贪因果更为重。轮回相报苦无尽，恶业不放德难平。震慑警示众生相，以德报怨菩萨肠。勤修六度弃恶业，还原生命福德延。众生平安远地狱，放下恶业得安宁。以此告诫众生要和善为贵，学会以德报怨，使固有的恶业随着善行天下的大愿逐渐消尽，提升生命中的福报，到达极乐无痛苦的世界，享受福报本愿。

身殂道路客死他乡诸鬼神众是因为前世作恶害人，打家窃舍，霸道为患而得到的现世报或者地狱报，他们的苦业因业力重绵延不绝。偈语曰：身殂道路家无归，客死他乡孤独鬼。虽然造生必有死，谨修慎为福可遇。从此斩断因果报，不停精进法门修。和善世界遗无漏，太平享福归正途。

地
狱
饿
鬼
傍
生
道
中
一
切
有
情
众
——

119

偈语曰：地狱道中苦无尽，寒冰烈火定量刑。饿鬼傍生前世因，作恶皆是入火坑。堕入恶道痛无穷，勤修己业须精进。上报祖恩下泽后，脱离六道不转停。三善三恶都是因，轮回果报要分清。就算善道有福享，不知精进瞬间亡。以一震百度众生，善因善果需超升。人生百年不容易，当下纵善要修诚。壁画中绘画的是管理六道中其中三恶道"地狱道、饿鬼道、傍生道"众生的神灵。

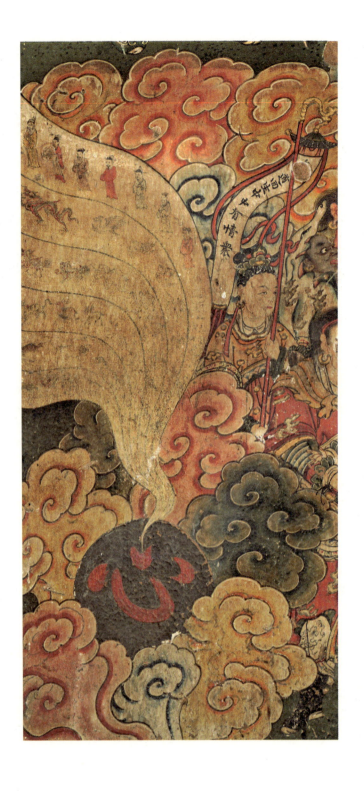

六道回生中中有情众
————

120

六道回生中中有情众是传法殿壁画135组的最后一幅。在众生的轮回中有六道，即天道、人道、阿修罗道、傍生道、饿鬼道、地狱道；有四种回生的方法，即卵生、胎生、湿生、化生。回生，亦称再生，就是已经改变的情况又回复到原样，反反复复，或受苦无尽，或福报多多。众生可因其业力的高低随缘通过四种出生的方法轮回于六道之中，只有几世的积德行善、功德圆满后升格为佛，或者菩萨、罗汉，就可以脱离轮回之苦。在佛、菩萨、罗汉的果位上明心见性、修为自身、普度众生，继续精进，可保佛位永续。从六道众生的苦乐讲，六道四生众生肉体虽坏，精神意识随业力而投胎转世，生生死死流转不息，生死流转本身是苦，要想脱离生死流转之苦，必须断绝生死，要想断绝生死，就要断绝造业的主体精神意识，从生命的智力层次和身体功能的完美发达层次讲，人天之果固然优越而难能可贵，但在人天位置上如果不经常保持善行，防止作恶，当转生和维持人天生命的业力消尽时又会重新下堕，业力所系，业尽下堕，这是无法改变的生命流转规律，图中特为六道回生而化生"心"字图，力在点化众生，从中而生，道出玄机，示在来人。

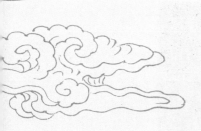

第八部分

永安长福

往古众生迷自性

几度轮回不知空

引路菩萨来接引

超凡入圣化清风

　　"永安长福"是殿内壁画第八幅长卷，取材于殿内东侧壁画第49幅至63幅的内容，是殿内壁画总第121组至136组的15组故事。涵盖了儒释道三教人物及往古先贤代表人物131尊，是众生脱离六道轮回之苦往生极乐世界最具代表性的一部分。描绘的是大圣引路王菩萨引领的往古帝王一切王子众、往古妃后宫嫔婇女众、往古文武官僚众、往古为国亡躯一切将士众、往古比丘众、往古比丘尼众、往古优婆塞众、往古优婆夷众、往古道士众、往古女冠众、往古儒流贤士众、往古孝子顺孙众、往古贤妇烈女众、往古九流百家众。是传法正宗之殿八幅长卷之收官卷。供养第八幅长卷，勤修六度，广结善缘，随喜得乐，可永驻随心世界，免遭地狱轮回之长久苦业，脱离六道轮回，随念往生西方极乐世界，享受众生敬业福报。第八幅长卷以从右至左的前后顺序分别解读"永安长福"如下。

大圣引路王菩萨是接引佛祖阿弥陀佛的左胁侍观世音菩萨的变化身，是永安长福的引领者。永安长福是由 15 组单幅故事组合形成，涵盖了往古儒释道四众人物 131 尊。有的是因为生前造福于万民而功德圆满；有的是积德行善果报自溢；有的是大善至圣的榜样人物；有的是因为前世的善因而享受荣华富贵、人间福报，又因现世的因果往生到东方净琉璃世界或者西方极乐净土，享受人间烟火供养和后世的礼敬。西方极乐世界是佛教徒梦寐以求的世界，死后灵魂能跟着引路王菩萨脱离三界六道而足登极乐世界，是善男信女修行的至高理想去处。

往古帝王一切王子众——

122

这一幅壁画描绘的是能够代表享受人间福报的往古帝王及一切王子众，他们是享受人间供养，为后世行善积德之榜样。
手持八卦图者是青帝伏羲，他创造了文字，与炎帝、黄帝并称为中华民族的人文始祖。手托小孩者是捏土造人的女娲，
传说是人类的创造者。身穿红袍者是辨五谷、尝百草的炎帝神农氏。身穿黄袍者是文明的创造者黄帝轩辕氏。后排五
位帝王及王子均代表有福报的往古帝王及一切王子的代表人物。

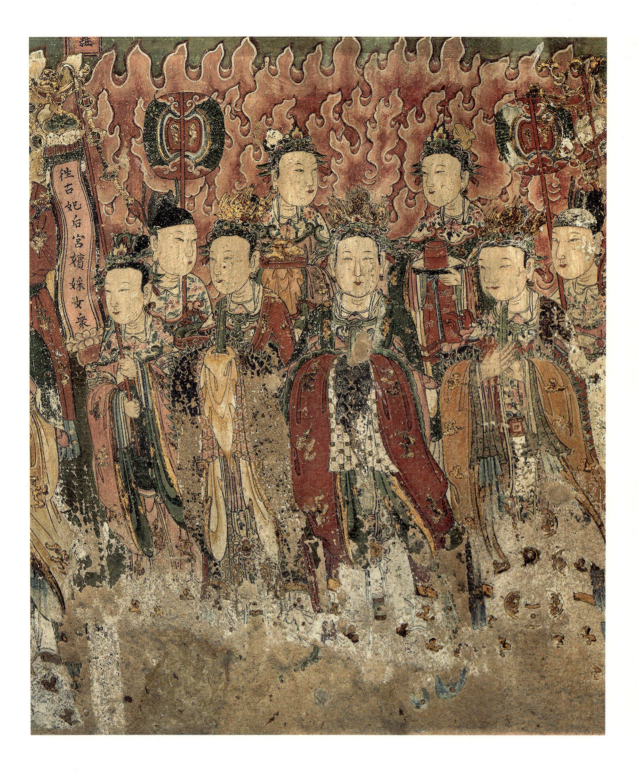

往古妃后宫嫔婇女众——

123

这一组壁画是代表享受人间福报的往古妃后宫嫔婇女众，画中前三位贵妇是往古妃后积德行善的代表人物，后四位是往古积德行善的宫嫔婇女代表人物。其中，描绘的前二位贵妇人，是往古有虞二妃，有虞是舜帝的妃子，尧帝的两个女儿，长女娥皇、次女女英。她们不以天子的女儿娇盈怠嫚，却以尽守妇道成为后世的榜样人物，备受尊敬。

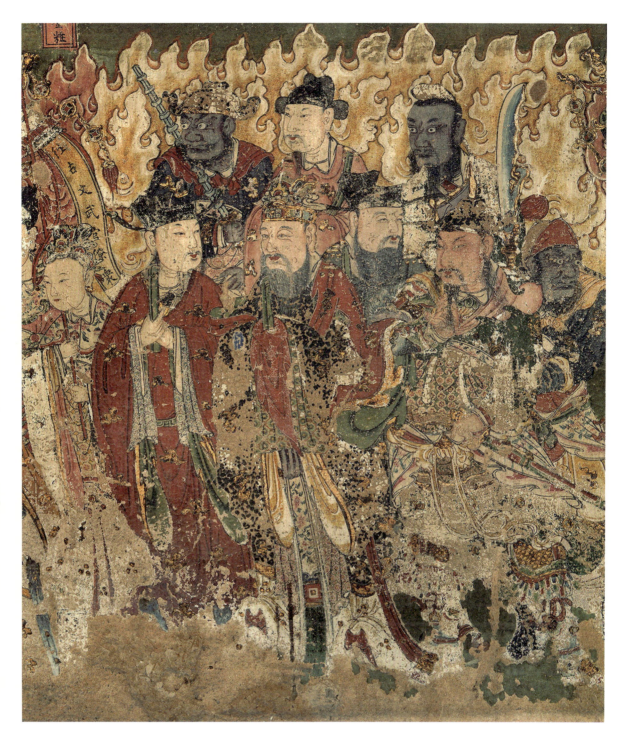

往古文武官僚众——

124

这一组所描绘的是，在水陆法会中因前世护国护民鞠躬尽瘁而享受人间福报的往古文武官僚众，壁画中双手执笏板者是享受人间福报的往古文官代表人物，另五位威风凛凛者是享受人间福报的往古护国安邦的武将代表人物，他们均是为后世治国安邦的榜样人物。后排居中者是唐朝名相房玄龄；持鞭者是唐朝武将尉迟恭；居中转身向左私语者是西汉思想家、儒学家董仲舒；前排武将是三国著名人物关羽，后者是周仓，右侧身穿白袍者是北齐兰陵王。

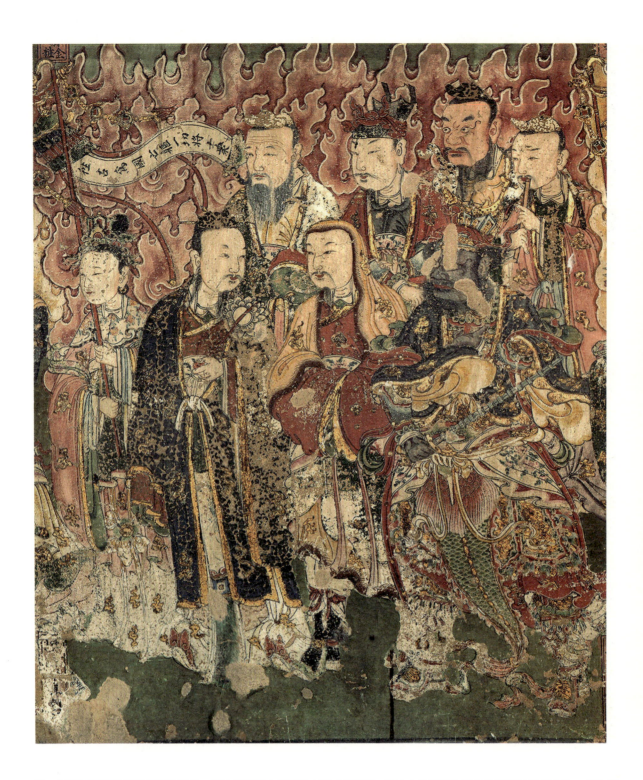

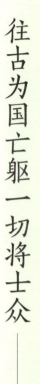

往古为国亡躯一切将士众——

125

这一组壁画是清代康熙年间补绘的，画中前排居中者是元太祖成吉思汗。画中人物都是为国舍生忘死的榜样人物，在他们死后被法界圣凡水陆普度大斋盛会所引入，并享受超度之乐，往生到东方净琉璃世界或者西方极乐世界，享受人间烟火供养，脱离六道轮回之苦，福报圆满。偈语曰：仕途法明志向清，护持家园图安宁。爱国杀敌成仁士，震慑敌胆永长青。往古为国亡躯众，圣凡水陆得超生。极乐世界净琉璃，人间福报是太平。

往古比丘众 ———

126

壁画描绘的是享受人间福报的往古比丘众。比丘，特指佛教中出家修行的男人，亦称和尚。他们抛弃家业，舍去自我，念佛诵经，超度众生，一生向善，勤修六道之大功德，为众生祈福，祈愿国泰民安，天下大同而种下功德累积善果，业力上升，死后脱离六道轮回之苦，壁画中的人物均是能够享受人间福报的德高望重的大慈大善的高僧或者是往生极乐世界果报的和尚，享受世人的烟火供养，成为后世学习的榜样众目敬仰。

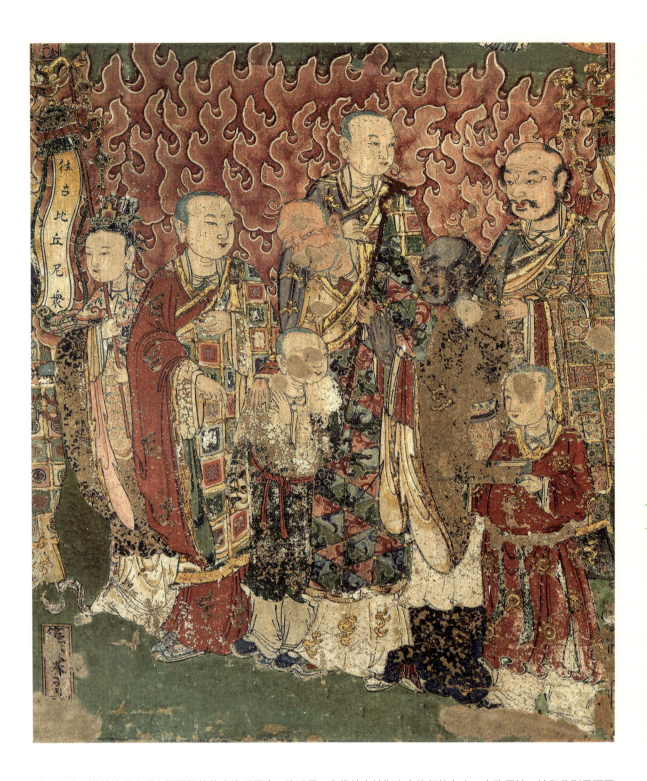

这一组壁画描绘的是享受人间福报的往古比丘尼众。比丘尼，在佛教中特指出家修行的女人，亦称尼姑。她们分别是西晋尼僧净检，戒行精峻的道容，常行苦节、不衣绵纩、笃好毗尼、戒行清白的慧果、慧耀，说法度人的妙相，才堪机务、尤能讲说的昙彻，研读律藏的智胜。她们都是为了佛教传承的光大舍去自我，祈福众生，勤修六道大功德，业力上升，往生极乐世界，享受世人尊敬的尼神。但是，壁画中又出现了一位男僧，有可能是笔误，也有可能是破相之作。如总（134）幅的"往古贤妇烈女众"中的男士，以不着相破一切相度化众生。

往古优婆塞众——

128

壁画描绘的是享受人间福报的往古优婆塞众。优婆塞，在佛教中特指在家修行的男宾，亦称男居士，与和尚、尼姑、女居士并称四众。他们一心念佛勤修六度、积德行善，广结善缘，具有大慈大善、德高望重的果位，他们死后脱离六道轮回之苦，享受人间烟火供养，成为后世精进的榜样人物。

壁画描绘的是享受人间福报的往古优婆夷众。优婆夷，在佛教中特指在家修行的女宾，亦称女居士。她们分别是一心向佛，慈悲为怀的清净女、清信女、近善女、近事女、近宿女、信女，生前是弘扬佛法的使者，死后脱离六道轮回之苦，足登极乐世界享受人间烟火供养。

往古道士众————

130

壁画描绘的是往古道士众。道士，特指在道教中出家修行的男士。道教人物与儒教人物一起出现在佛教大型水陆法会道场中，被人们习惯地认为是三教合一的体现。但是，在佛教的水陆普救法会中是没有宗教界线的，佛教的水陆法会是普度天地三界十方万灵的一种法会，是普度有情众生脱离六道轮回之苦的一种法会。因为他们在生前修行过程中虽未成道、成仙，却是修身养性、行善积德的榜样人物，所以被佛教水陆普救法会吸纳，引渡到佛界，享受人间烟火供养。

往古女冠众 ——

131

这一组壁画描绘的是往古女冠众。女冠，特指在道教中出家修行的女士，亦称道姑。她们在道教的修行过程中，没有达到成仙了道的境界，修成神仙，以身合道。他们还是俗人、俗身。在佛教水陆法会中，因为她们在生前的善行而得到亡灵超度，并依他们的业力脱离六道轮回之苦，足登极乐世界，免遭地狱的轮回苦报。

往古儒流贤士众——

132

壁画描绘的是往古儒流贤士众。往古儒流贤士中的人物是往古至善而功名成就的读书人，且他们还修行善果。在佛教的水陆普救法会中，把儒家的贤士、孝子、顺孙、贤妇、烈女、九流、百家视为儒家的典范人物，显现在佛教寺庙中通过大型法界圣凡水陆普度大斋盛会超度其亡灵，是对儒家从小善到至善，由至善返至真的尊敬。

壁画描绘的是往古孝子顺孙众，是指扶老携幼、恪守孝道而在死后能够享受到人间福报的往古孝子顺孙众。慈孝文化是儒家思想的典范之一，父慈子孝，兄友弟恭是中华传统文化的精髓，是家庭和睦的基础以及社会和谐的重要组成部分。在这一组的绘画中，绘画了四个小孩子，这四个小孩子都是男孩子，没有小女孩，体现了儒家孝文化的重男轻女思想。在儒家孝文化中，认为没有子嗣就是大不孝，这种孝文化助长了重男轻女的流传，并把"不孝有三无后为大"看的非常重要。

往古贤妇烈女众——

134

贤妇烈女众这一组水陆人物壁画中描绘的是恪守妇道、忠贞不渝、以死坚守贞洁的儒家思想中往古诸多的妇女形象，特殊的是在众多贤妇烈女中后排居中者绘画的是一位西域模样的男子，给这一组水陆人物画增添了迷雾般的色彩。古代的恪守妇道，多指女人贞节、孝敬、卑顺、节俭。而在这组壁画中的男性形象肩上扛着代表身份的"节"，类似于农民打粮食用的联节板子，寓意守节不仅仅是女人们的事情，同样也是男人们的事情，他的出现也是代表男人们也应该向妇女们那样恪守夫道、忠贞不渝、以死坚守男人们的贞洁。

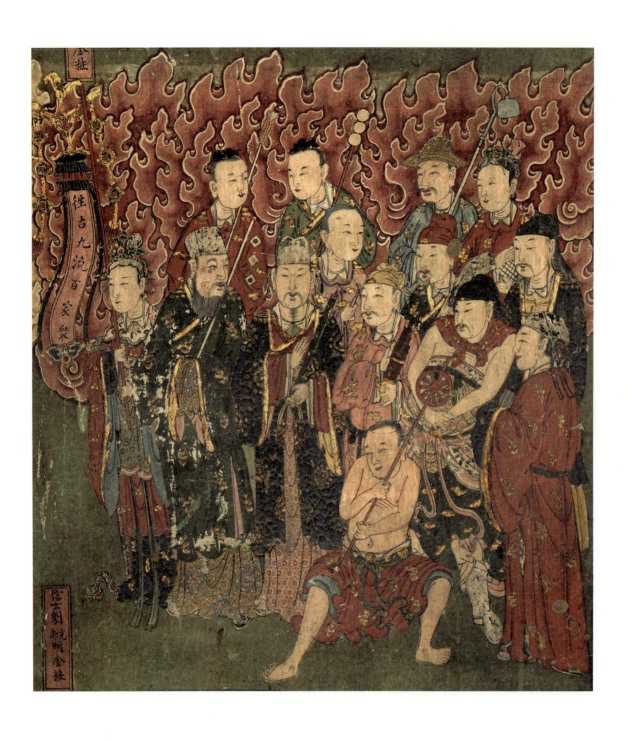

往古九流百家众————
135

这一组壁画是"永安长福"的最后一组，也是整个水陆法会示现水陆人物的最后一个内容，描绘的是九流百家众。这一组的故事，体现了佛教的众生平等斛食制度。从帝王将相到平民百姓，没有高低贵贱之分，只有善恶之分。善者可以根据自身的福报往生到极乐世界，恶者下堕到地狱。九流是职业的统称，意欲教化众生惜衣、惜食、惜福不是有钱人的专利，而是众生诚修佛道脱离苦难的不二法门。画中是往古士农工商医卜杂和戏剧演员生旦净末丑的代表人物，表示他们生前都是守规举善的九流百家人物。

大永安禅寺叙

自庚寅年（2010 年）独自探索钻研永安禅寺历史文化完稿之后，曾三次以七言阐释永安禅寺。庚寅年（2010 年）六月，首次用 96 句编成"咏大永安禅寺"，刊登发表在 2010 年 10 月 22 日大同日报。第二次是辛卯年（2011 年）六月，谨撰 200 句编成"百句叙永安"，展示在寺院西侧碑廊至今。第三次是乙未年（2015 年）六月再次充实内容，用 3808 字编成 544 句合七言四句 136 首成"大永安禅寺叙"，收录在 2016 年出版的《永安寺壁画》专著中。这一次作者再次校正拙笔，敬献给广大读者朋友们，希望大家喜欢，并提出宝贵建议，以改正之。

（一）

永安禅寺碑⁽¹⁾文铭　至元记载禅寺情

金代烽火毁大寺　残垣断壁寺无存

僧亡寺废不能兴　硝烟弥漫废墟成

蒙古铁骑雄兵起　金朝亡国元继承

边关重地见安宁　狼烟消停百姓幸

浑源改称恒阴县　北门之管战事停

扩疆南下调元兵　为除隐患重兵分

永安节度归故里　日供清香佛门中

本郡高定⁽²⁾原布衣　位尊侯伯淡名利

祈愿乡亲享安宁　志士还乡建禅寺

仲栋乐善子承父　弘扬佛法度群灵

国恩民望不敢违　一心弘法法中觅

父辈永安高居士　空门相国高家弟

焚香择火迎佛道　父子相谓勤朝夕

普济胜会因缘起　边关复兴平安地

硝烟燃尽吞门幸　恒山脚下众欢喜

满目疮痍灰吹净　百业待兴四众困

元初聚散狼藉地　大功德主集公棚

始建法门法不通　难成大寺觅高僧

时闻朝野有大德　建寺立庙史传名

诚邀禅师名归云⁽³⁾　志宣法师志永恒

归隐丛林又复出　驰疏敬请欣然从

佛殿云堂方位正　方丈府库成一新

永安尊师第一代　融合建寺精气神

星斗炳焕一掷笔　荼毗舍利百数奇

寿享春秋五十九　夏腊三十有三祀

一代宗师将示寂　山门铺筑未完备

面授乐善功德主　遗言儿孙当接替

京城潭柘塔幢⁽⁴⁾记　归云传法十七子

得法弟子如容庵⁽⁵⁾　临济正派⁽⁶⁾师承继

奉龙象者光佛寺　玉德含光春雷霈

净淘舍利佛门续　灵塔分葬道场四⁽⁷⁾

大德高僧因悲悯　布施功德度亡魂

驻锡数年革其律　浑河清明露笑容

法会超度隆皇恩　恢复寺院济众生

藏教七堂虽未成　临济正派入寺弘

至元己丑寺寂空　困忧一时师无承
穷智斋粥犹未饱　凄凉空门悲催僧
可喜永安居士孙　善主高琰将军任
宣武将军继祖德　重振永安扩寺门
云溪嗣法西庵[8]公　西严归云嫡重孙
法侍保德承天寺　驰书邀之诺然临
承接祖德志宣[9]公　续建解脱门五楹
山门五开黄色顶　琉璃龙壁倒八迎
无相无作空门中　正直外已方便行
殿刹景教[10]临济[11]容　弘法道场永安幸
莅事精严师法明　盛行恒阴[12]为时称
示现大德应祖训　伽蓝七堂终告成
藏教[13]壮观欢未曾　男女老少拜佛神
百千指寺衲子风　妇孺祈愿众虔诚
宣差都鲁神州行　感师之德叙藏经
不营前数赏万贯　又捐宝钞五千整
寺院恢宏又复兴　事隔多年步高峰
奉训杜侯[14]五品位　任之神州永安恭
秉性忠直湖海迅　胸怀磊落德鲜明
大德皎然如日月　协助善信成就功
威武天王镇空门　金顶五楹示恢宏
兴寺建殿熟可谓　蔚为时称遐迩闻
至元甲午书铭文　立石记载传至今
直书以记西严撰　石匠刘昇刊碑中

（二）

金时烽火寺院焚　僧亡寺废事有因
起落有序皆悲悯　留下后人续正宗
一段时期寺少朋　断断续续来继承
追根溯源细推敲　州中几度落灾情
元代盛行重众教　凄凉寺院作比较
扩大空间建大殿　开设道场把神[15]邀
本州判官将仕朗　高璞弘法拜高堂
"传法正宗之殿"[16]立　延佑二年四月仰
醒目大字最"庄严"　"法相"呼应在殿前

"虎啸龙吟"篆后壁　殿前月台高宽延
前后通行筑高台　七步台阶四边行
东西垛殿如两耳　宽阔檐台如佛带
殿脊宝刹书内容　天地三界十方灵
内含佛生与佛性　水陆六道四生众
诡异壁画满墙弘　各色人物都不同
一八六点九一二[17]　众教[18]入堂共担承
高定三代竭尽力　建寺立庙废墟地
硕大斗栱辽金风　减柱妙法传工艺
山门五开世罕立　创建院落彩虹异
民传志记都猜测　超越皇封众不弃
殊胜庄严复备齐　庑殿正坡金琉璃
更加辉煌超皇封　善众不解要生疑
口口杜撰因称帝　始建皇宫有异议
大同总兵了私怨　暗地告发使诡计
皇帝派人查验急　荞面[19]塑像道场齐
匆匆忙忙改庙田　寺院弘法祸患避
浑源有幸州民安　战事太平又乐观
转危从善度有情　民间消停在边关
中轴线上建诸殿　前后开门宽五间
清朝太爷县志记　州制东北祈永安
黄色瓦当金灿灿　规格超越不同凡
万岁牌位立神坛　朝臣祭拜理当然
一九六六平方面[20]　民族交融次次变
战乱之地无久民　资料匮乏史无掬
游牧农耕骚扰频　边关重地起战争
元初安定重众教　复建道场抚民心
元碑残存文可辨　猜文断字未铭前
留下传说多臆断　金前寺院成疑点
寰宇通志细查验　文墨依旧不多见
寺院名称都无记　元代创建始永安
追溯后唐迁城池　旧城水患需东移
选址新建玄武城　风水宝地把庙立
建寺立庙边关宁　建毁毁建金火焚
元朝获胜又重建　探索延续梳理中

（三）

京畿安全北大门　险要关隘兵家临
北岳屏障军事地　游牧农耕战不停
恒山脚下争夺频　侵扰不断纠结痛
国保七处文字稀　偌大州县少久民
悲伤家园会[21]超度　故人流失新人住
刀下民众幸无几　惨状悲烈谁来睹
平安是福求安宁　合家团聚嘴边羹
水陆道场济群灵　边关弘法姁孺诚
九二三年嗣源位　忌讳改称浑元县
九二六年迁今城　常因旧城水患频
九三四年境属辽　浑元县复浑源县
九八七年宋夺回　辽军再度收了去
一〇七四年秋天　恒山划界北归辽
一一二四辽将变　苏京降金属金辖
一二一一又春天　成吉思汗侵金国
三千铁骑追金兵　直达翠屏秋入元
一二六六改恒阴　一三一二浑源州
一三三一州大旱　饥荒严重人吃人
一三五三死伤半　避灾逃命四处散
一四八〇鞑靼袭　人畜被杀掠数万
明朝守将判心起　勾结俺答抢掠奇
损失惨重平凡地　苦难边关招铁蹄
游牧骚扰碰撞频　你争我夺战不停
顺治皇帝虽一统　一六五〇再逢凶
方三起兵聚反清　声势浩大要复明
杀死知州荣尔奇　引来多尔衮屠城
只因方三浑源人　浑源民众染血腥
城内子民入义坟　存亡无常如大坑
死伤数万不忍数　刀下亡魂不忍睹
边关重镇连灾难　祈祷许愿求佛尘
寺院递进竖三尊[22]　主殿传法横三世[23]
东西两侧原塑像　房屋利用殿内空
辛巳六月国保护　吴锐带队古建驻
历时五年大修葺　寺院恢复如元故

殿内壁画慎处理　物理回帖又清洗
修复大家叫郑军　文研专家业顶级
如今配殿前檐柱　炭化痕迹沧桑故
修旧如旧有对应　验证历史见实物
专家学者莅永安　精研细考遍惊叹
遗存瑰宝今世稀　满墙壁画东西爿
八百九十五位尊[24]　各色幻化都不同
个个鎏金重彩釉　法相示法敲警钟
一百三十五组[25]因　卷卷人物带当风
东西壁画上中下　归类划分八幅屏[26]
明王演法利四众　救度迷蒙沉溺人
当头棒喝威震慑　法相忿怒示群灵
十大明王威德行　严厉震慑众生明
智慧救度贪嗔痴　驾驭善念须永恒
大日如来不动尊　变现明王露慈容
教化众生皆如吾　万灵成佛佛坛弘
西方佛祖大力王　青牛背上明王形
手持戟弓索剑箭　摧伏一切恶毒龙
普贤菩萨最妙善　演化步掷威德闪
三途苦果尘俗弃　身口意净空波澜
地藏菩萨无能胜　拯救四生[27]色不同
降伏六道烦恼众　大愿未了佛无门
马头观音眉倒竖　震慑旁生睁怒目
前世因果难脱离　畜生道里勤拔渡
文殊菩萨大智慧　焰发德迦明王数
降伏魔怨自性明　金刚宝剑烦恼除
东方世界阿閦佛　演变明王降三世
灭度六道贪嗔痴　利乐众生福报赐
北方不空成就佛　满足众生诸愿望
诸行圆满功德住　怠慢菩提一身茫[28]
南方佛祖慈悲心　军荼明王持藏铃
甘露遍洒佛法僧　美妙动听众善行
龙华树下未来佛　变现忿怒大轮王
德愿弘深遍佛果　弥勒化身布慈航
东西壁画分三层　从前往后次序明
二到八幅内容清　卷卷色相立不同

化生天道第二幅　天藏菩萨化身如
受识行想四种境　三州普济精进路
风调雨顺四天王　离苦得乐善业涨
随喜功德弘法度　东南西北福田广
厚德载物第三幅　持地菩萨与后土
统领五岳四海神　江河淮济五湖族
波池井泉百川行　掌管大地四渎神
造福万灵皆随喜　开卷示现佛道圣
道化十方第四幅　北极上仙紫微固
统领道教诸位神　普天列曜是浮屠
虚空宝藏第五幅　呵护众生利乐故
大到无外小无内　犹如慈父严儿处
转身成佛第六幅　震慑罗刹威德辅
离地三尺神灵处　润泽神州遍醒酬
醒世长卷第七幅　十殿阎王冥间主
不分高低与贵贱　拯救地狱成众仆
度化六道四生众　心字入壁满墙弘
地狱不空愿未了　灭度成真天地同
永安长福第八幅　引路菩萨来引渡
西方极乐位补地　善行果报空缺留
帝王将相九流众　善恶分明两边行
施物施善寿永康　作恶欠债苦业长
八幅长卷义分明　永安壁画到此成
巧妙悬绝观藻井　精妙浮雕神仙景
前绘菩萨与天仙　后画降魔十方佛
精细斗栱重叠叠　策划无漏不繁琐
斗拱眼壁生护法　周围绘画卅四组
个个素描龙图腾　护法道场无漏神
梁架彩绘五爪龙　祥云龙纹续传承
天降仙女拜神佛　意喻深厚惊世创
须弥座上塑金身　高大威严横三世
弥陀药师毗卢佛　普度众生位至圣
今有老者故地游　回忆儿时挺捣蛋(29)
邀来顽童哥们四　入坐佛手玩抓子
遗憾一九六六到　为储粮食备荒年
殿内塑像全扳倒　神台铲除不留草

寺院恢宏殿空空　塑像高大多无踪
对错双刃佛明了　壁画至今安无恙
空门塑像主干腐　为除隐患不作修
学生玩耍像不留　推到清理元物丢
天王殿塑四天王　左右排列镇四方
米勒韦驮像坐中　早年像毁空殿良
垛殿配殿原塑像　拉倒毁坏为上课
留下房屋空荡荡　建筑保存值庆贺
寺内主殿像空闲　面宽五间中轴线
三色琉璃黄为正　覆盖殿顶位明显
铁佛殿内原铸佛　一九四五战乱亡
像失屋倒空旷地　后来建校全占去
天王大殿居高台　青砖灰瓦穿门开
大悬山式五间明　五脊六兽斗拱配
瞻仰楼前示法相　高僧大德施法忙
大字显化常点燃　绝无仅有妙法传
庄严二字如点睛　根尘对景佛理清
渡人渡已度众生　寺院弘法震慑明
至正壬午夏五月　刀墨点睛清净心
道深法明远仕途　因果上溯是祖根
克已成已说二妙　金朝科举称贤人
世祖邀之是国策　学习首阳不侍元
成就子孙段士达　佛门圣贤大书家
龙山月溪留墨宝　归堂永安庄严刹
乾隆庚子七十寿　天下同庆万民佑
张熿提笔挥大豪　虎啸龙吟法相生
众生对照禅渐进　上章困敦寺赠荣
潜移默化歌盛世　端庄明意法理纯
主殿传法區遗珍　铭文详录年号清
建缮修葺三朝风　次序严谨是佛根
云中神童李溥光　雪庵和尚头陀尊
赵孟頫介面世祖　特赐玄悟蓄发修
升任昭文大学士　荣禄大夫从一品
延佑二年四月初　衣锦归乡永安行
代天视察客至尊　宫禁區额独书僧
大师书區留墨宝　传法正宗之殿少

元初恢复古寺院　　创建七进宏愿升
遗憾后续不尽意　　完成三院工暂停
方正威严建筑群　　润泽天地十方灵
从元至今古寺盛　　虔诚浑州四众⁽³⁰⁾行
禅门遗存两进院　　格局高低次序严
垛殿配殿一切屋　　起脊堆花龙骨朕
国盛永安重保护　　修复文物弘法处
明清修缮经沧桑　　元遗古寺历历目
壁画传承元明清　　融合众教是根本
山门五开立景教　　藏传密宗定乾坤
建国初期莫家底　　普查文物处处起
专家学者考察队　　莅临雁北来登记
一九五〇贵客至　　宿白普查见珍奇
目光聚焦主殿匾　　传法正宗之殿迹
惊叹偏远山区地　　传世至宝心欢喜
依次品味处处奇　　底蕴深厚满疮痍
偏壤之地名家题　　欢天喜地清晰记
遗憾时间太仓促　　没有精研叙详细
虎啸龙吟是庄严　　大寺品茶法相显
静观殿内佛恒驻　　顿悟壁上法常存
抛砖引玉无止境　　山门严丽永长清
虽然不是皇家封　　仅比皇家多正宗
殿内壁画世珍遗　　华夏瑰宝要有继
摹制大法显身手　　保护弘扬双丰收
空门不空空皆空　　禅寺有禅禅非禅
拿来七言接地气　　弘法道场诚缘续

注释：

（1）永安禅寺碑：指《神州大永安禅寺铭》碑，现镶于东垛殿的窗台中。

（2）高定：元初浑源县李峪村人，位至侯伯，曾任云中招讨使都元帅永安军节度使，人称高永安。高定有二子二孙，长子高仲栋、次子州执节高仲挥、长孙高仲栋子州判官高璞、次孙高仲挥子宣武将军高琰。

（3）归云：为金元之际蒙古汗国时期高僧归云志宣禅师，是容庵

海老人法嗣，曾被高定敬请创建永安禅寺，为永安禅寺第一代主持，高定长子高仲栋是其得法弟子如容庵数之一，于1246年6月初四圆寂，后传位于弟子懒牧悟归任永安禅寺住持。

（4）塔幢：北京西山潭柘寺塔院有归云宣禅师幢塔，额曰《浑源州永安寺第一代归云大禅师塔铭》。由寂通居士陈时可撰文，住持法侄懒牧野人悟归书丹，浩然居士口德玉篆额。

（5）容庵：临济宗禅系最著名的祖师，弟子遍布河北、燕京、山西诸寺院，佛教影响力巨大，祖庭在辽宁医巫闾山玉泉寺，归云禅师是容庵老人17法子之一。

（6）临济正派：元初以临济正派称此禅系，后因海云印简得到蒙古皇帝推崇，到元中期敕命赵孟頫撰《临济正宗碑》，将容庵——中和璋——海云及嗣法弟子奉为临济正宗。元代之后，这一敕命不被承认，故临济正宗嗣法弟子事迹多不见著于僧史。

（7）道场四：归云大禅师圆寂后，百数颗灵骨舍利，分别塔葬四个道场，依次为山西浑源永安寺；北京西山潭柘寺；容庵老人祖庭辽宁医巫闾山玉泉寺；河北赵县柏林寺。

（8）西庵：元代高僧，归云重孙西严，保德州承天寺云溪禅师的弟子，1289年因高定孙宣武将军高琰邀请，主持永安禅寺并创建大解脱门五楹，藏教焕然成一时之壮观，时人交口称赞举止威重，作事不凡，以为归云再世。

（9）志宣：指归云志宣禅师，是忽必烈临济宗师傅海云大和尚的本门师叔。

（10）景教：景教来到中国不但彻底吸收儒家思想，更亲近于佛教和道教，于1289年永安禅寺创建寺门的时候，就把景教的标志性建筑物建造在山门殿刹之上。景教蒙语译为"也里可温"，汉译为有福缘之人，因忽必烈的母亲是景教徒而盛行于元朝初期。

（11）临济：指临济正派，元代中期称"临济正派"后为"临济正宗"。

（12）恒阴：浑元县926年迁今城，于934年复称浑源县，1266年浑源县改称恒阴。

（13）藏教：指藏传佛教。

（14）奉训杜侯：奉训，为奉训大夫，文散官名，金代始置从六品下，元代、明代升为从五品。杜侯，姓杜名让，《大永安禅寺铭》中记载，西庵于1289传位奉训杜侯，至1293年主持永安禅寺五年，奉训杜侯气量若湖海，皎然如日月，秉性忠直，光怀磊落，鲜德薄缘。

（15）神：这里特指参与普济水陆群灵大法会中，被请进法堂的道教诸位神灵。

（16）传法正宗之殿：是永安禅寺主殿，由高定长子高仲栋子州判官高璞创建于1315年，"传法正宗之殿"匾额是金元高僧李溥光书，月溪觉亮立。

（17）一八六点九一二：指传法殿殿内四周墙壁上的壁画面积，史料中记载是170多平方米，经笔者多次丈量大约是186.912平方米。

（18）众教：这里指体现在壁画中的"藏传佛教"、"汉传佛教"、"道教"、"儒家"、"萨满教"文化。

（19）荞面。荞面是本地传统面食，用荞面塑像干得快。民间传说，初建永安禅寺的时候是为了建皇官，后来因急于改成寺院，而使用荞面塑像。

（20）一九六六平方面：指浑源县现有面积1966平方公里。

（21）会：在这里意为被动、无奈、没办法的一种做法。

（22）竖三尊：天王殿原塑像未来佛祖、传法殿原塑像现世佛祖、铁佛殿原塑像过去佛祖，此三尊统称为竖三世佛。

（23）横三世：传法殿殿内原塑像中央佛祖释迦牟尼佛、东方净琉璃世界药师佛、西方极乐世界阿弥陀佛，此三世统称为横三世佛

（24）八百九十五位尊：指四周墙壁壁画人物895尊，史料中记载是882位，经笔者反复清点统计895尊水陆人物是正确的。

（25）一百三十五组：指四面六壁壁画人物以红、黄两色交替并列135组内容。

（26）八幅屏：在笔者反复清点统计壁画人物的时候，发现壁画是一个有次序反映故事内容的水陆神灵群体，包括正壁十大明王在内，清点后共分为八幅内容。

（27）四生：在佛教中指"胎生、湿生、卵生、化生"四生群灵。

（28）茫：在这里是迷蒙、模糊的意思

（29）挺捣蛋：本地方言，褒贬皆有，这里指比较顽皮的儿童。

（30）四众：在佛教中，出家修行与在家修行的男女，统称为四众。

山西浑源永安禅寺

——简述浑源永安寺寺院规格的论证

消费日报网讯（张建德）有幸翻开1951年2月28日，中央人民政府文化部文物局出版的《雁北文物勘查团报告》一书的复印件，从中看到专家们对古都大同云冈石窟、上下华严寺、悬空寺等文物景点考察后，深感大同地区实乃文物荟萃之地而自豪。

《雁北文物勘查团报告》分为考古组报告和古建组报告两大部分，永安寺列入考古组报告范畴，由宿白先生负责勘查和撰写报告。书中第95页就是宿白先生撰写的"浑源古建筑调查简报"，简报从永安寺、圆觉寺的沿革到今后的保存分别作了全面详细的报告。在永安寺的勘查记录中，特别对传法正宗之殿的台、平面、斗拱、梁架、柱和础石、殿顶、平基藻井和天宫楼阁、牌匾、彩画、佛像、年代展开了考证和记录工作。第106页第一行中提到"雁北僻县居然还发现六百年前名家榜题，真是出人意料之外！"的感叹之语。

简述浑源永安寺寺院规格的论证

永安禅寺，亦称永安寺，俗称大寺，位于山西省浑源县永安镇鼓楼北巷，北纬39.42°、东经113.41°、海拔1093米。永安寺最初的创建，是在1211年春，成吉思汗率兵攻打金国，当年秋天，蒙古骑兵三千追赶金兵至浑源州境翠屏山上，县域属蒙统辖之后，由本郡节师云中（今大同）招讨使、都元帅、永安军节

度使高定，在金朝寺院火焚后的废墟上，敬请北京潭柘寺临济正派高僧归云禅寺重创。寺院坐北面南，方正威严，山门五楹，黄色琉璃盖顶，是恒山脚下浑源古十大佛寺之首，于2001年6月公布为全国重点文物保护单位。

（一）传法正宗之殿

传法正宗之殿是永安寺的主殿，面阔五间，进深三间，为单檐庑殿顶。大殿坐落在高筑的台基之上，殿身四周檐台宽阔，月台宽大。屋顶四坡覆盖琉璃瓦饰，正坡黄色琉璃为主，前沿猫头、滴水是蓝色琉璃龙饰瓦当。前檐明间与东西两侧的次间为隔扇门，前檐明、次间隔扇均为六扇，上为斜棂花格子，下为裙板。明间八扇均高3.65米，宽0.84米，东西两侧的次间均高3.65米，宽0.65米。后檐设置板门一道，门框外加宽大的颊，做工讲究、精致，后檐台正中筑七步石级引入第三进院。殿内四面六壁绘画巨幅工笔重彩沥粉贴金壁画186.912平方米，整体壁画没有山石草木的衬托，只有火焰与祥云为背景，以红黄两色交替并列，绘画八幅内容，135组故事，895尊人物，是一处大型水陆法会的场景。斗眼壁内外两侧对应素描绘画坐佛与龙图腾各34组。殿内正中原砌砖台须弥座，上塑三世佛，东、西两旁塑四菩萨和二天王，梁架下方悬塑二飞天。可惜这些精美的塑像毁于1966

图一：《传法正宗之殿》匾额，庄严（高3.8米）

年9月。殿身前檐台高1.31米，西侧台面宽2.01米、东侧台面宽2.09米，台面长30.50米，从东至西逐渐变窄；后檐台高1.11米，西侧台面宽1.95米、东侧台面宽1.99米，台面长30.47米，从东至西逐渐变窄；东西两侧檐台因地形从南至北逐渐变高，在视觉中形成台高不一致，但是檐台的台面是水平的。东檐台面宽2.01～2.02米，长20.10米；西檐台面宽1.91～1.98米，长20.09米。檐台四周压檐石宽34厘米、厚18厘米；四角压檐石60厘米见方，厚度同样是18厘米。传法殿面阔26.58米，进深均约16.08米，当心间面阔5.99米，东侧次间4.72，西侧次间4.77米，东侧稍间4.99米，西侧稍间5.11米。殿身四周檐柱十六根，殿内金柱四根，屋檐四角檐柱柱高分别是4.67、4.66、4.68、4.67米，室内金柱柱高约8.60米，明间与次间檐柱柱高分别是4.63米、4.57米、4.59米、4.63米。柱顶全部做成卷刹，柱间施阑额链接。大殿前檐稍间、后檐次间、稍间、东西两侧全部砌墙，内墙绘画精美

的水陆壁画，外墙书庄严、虎啸龙吟六个大字，正面墙高4.13米，东西两侧墙高4.06米。从墙体里外四角观察，砌墙是逐渐向墙体中心收缩，整体观察在视觉上为元宝形。柱头施普拍枋以承托斗拱，斗拱用材硕大，规整严谨，周围共设34垛分布于四面檐柱柱头及柱头之间。补间斗拱明间为两垛，其余皆为一垛，稍间转角铺作与补间铺作做成鸳鸯交首拱，转角铺作以三个栌斗相互构成，上部全做成鸳鸯交首拱，承载撩檐枋。殿前檐台下探16厘米，青砖铺设月台，月台高0.70～0.73米，南北宽7.91米，东西长22.52米，四周压檐石宽34厘米、厚18厘米，东西两角压角石50厘米见方，厚度同样是18厘米，月台正面正中与东、西两侧靠大殿前檐台青石砌七级台阶。大殿屋顶正脊中部设脊刹，当中为狮驮宝瓶，左右各为白象驮宝珠，正脊上置仙人10尊，东西两侧是佛教护法神，中间八尊是中八洞神仙。殿内支撑仅以三分之二处立四根金柱，三分之一处的四根金柱减去，在金柱

图二：虎啸龙吟（高3.8米），启首章，落款，印章两枚

图三：相（高2.3米）的落款、印章两枚

至前檐柱之间形成9.66米的跨度，以梁架链接承载屋顶六架椽，以金柱为线分割成前四后二，扩大了殿内空间。四椽栿前端伸至斗拱之上，后端穿插于金柱之上，后乳栿前端伸至后檐斗拱上之，后尾穿插于金柱之上交于四椽栿下，金柱顶部连接搭牵承托屋架。次间内置推山构架，两山面各置丁栿两根，前端交于东西山墙斗拱之上，后尾置于四椽栿上，丁栿上部置驼峰、攀间斗拱、下平桁。四个屋角安置抹角梁，与柱框成45°三角形斜置于稍间斗拱之上，承托老角梁后尾，攀间斗拱，下平桁与续角梁。在整个横向结构上，殿内梁柱，梁栿与梁栿，梁栿与各个檐桁交接点均施攀间铺作，驼峰以承托逐层梁架，用穿插枋连接各个构件。明、次间纵向构件及推山构架的纵向，除用桁做为联系的构件外，上、下平桁利用襻间枋做为构架的纵向联系构件。殿内明间顶部设置精巧藻井斗拱，次间与稍间为彻上露明造。藻井顶部为八角形，中心为井底盖板，顶部斗拱为小木作雕刻而成，分为两层，第一层一周共有44垛，第二层一周共有24垛，两层斗拱上承托井口枋，中心为八角形井口，当中浮雕两条盘龙，正中圆形直径约18厘米，贴金箔。中层为小木作雕刻而成的天宫楼阁，正面仅设佛龛，龛下斗拱为小木作雕刻，共有14垛。东、西两边各雕刻庑殿顶三座，夹屋三座，天宫楼阁雕刻小巧、绘画精美。柱顶安装小木作斗拱，全部楼阁又置于下部小木作斗拱之上，下部斗拱33垛承载天宫楼阁，楼阁之上斗拱26垛，阁内门窗绘画14组人物，背面绘画五方佛。东西两侧形制相同，只是西侧绘画损毁严重，背面五方佛以无存，东侧楼阁前后两面的绘画保存比较完好。顶部藻井前，正中又置六边形藻井，周围小木作斗拱20垛承托井底盖板，盖板绘画四爪的二龙戏珠图案。整个当心间顶部施以天宫楼阁与藻井，配以悬塑飞天仙女，布局合理，结构精巧，美观大方，犹如空中仙楼玉宇，使殿堂更加壮美。传法殿梁架用材规整，殿堂宽大，虽曾经数次修缮，但其主体建筑特点与绘画艺术是一组既比较完整又有研究价值的元代杰作。

（二）大解脱门

永安寺大解脱门五楹，分别由空门、无相门、无作门、东西方便门、琉璃二龙戏珠八字墙组合而成，建在高台之上。是永安居士高定的孙子宣武将军高琰，邀请归云禅师的重孙子保德州承天寺云溪嗣法西庵长老，在住持奉训杜侯的协助下于1289年创建的。在大解脱门屋脊的建造中，因忽必烈的母亲信仰景教文化，并在全国推广景教，永安寺为了迎合政治的需要，在大解脱门的屋脊上设立景教标志，景教在蒙古语中称谓"也里可温"，意思是"有福缘之人"，寓意进入永安禅寺的人都是有福缘之人。

（三）永安寺寺院名称的由来

永安寺寺院名称始于高定自号"永安居士"而得名于元朝初期。北京潭柘寺搭院归云禅师塔幢记载"浑源州永安禅寺第一代归云大禅师塔铭"；神州大永安禅寺铭中记载"尊师为第一代莅事精严动有师法"。塔铭中还记载了归云宣禅师是"临济正派"容庵老人十七法子之重要弟子，道行深厚足以光佛祖庭，于1246年6月4日59岁寿终，侍佛33年，得法子如容庵十七之数。归云大禅师灵骨舍利百数分葬于永安，潭柘，玉泉，柏林四道场。以四道场先后排序来推敲，可见永安当时的位置是很重要的。

综上所述，永安寺有如此高的规格，一是源于1242年忽必烈尊奉临济正派，从之创建永安寺的北京潭柘寺归云禅师师侄海云和尚受菩萨大戒，赐以金缕袈裟，奉以师礼。之后，临济正派因海云印简得到蒙古皇帝的推崇，敕命赵孟頫撰《临济正宗碑》，将容庵—中和璋—海云及嗣法弟子奉为临济正宗，提升了临济宗的威望。归云大禅师于1242年至1246年之间接受高定的敬请创建永安禅寺，并以临济正派传法；二是源于忽必烈的母亲是景教徒，永安寺为了迎合政治的需要，于1289年创建大解脱门五楹，在屋脊上设立景教标志；三是源于1253年，八思巴在六盘山谒见忽必烈，忽必烈从八思巴接受萨迦派的喜金刚灌顶，以八思巴为上师，执弟子之礼。永安寺中的元碑记载大解脱门建成之时的盛况是"三门严丽，藏教焕然，成一时之壮观，遐迩见闻，欢未曾有。"说明在元朝初期，以临济正派创建的永安禅寺已经接纳了藏传佛教，并把藏传佛教奉为主体，1315年创建传法正宗之殿，在传法殿的正面壁画中绘画藏传佛教十大明王就是有力的见证。也因此大元朝第五任皇帝英宗于1322年在永安禅寺内留宿。

责任编辑：晓波

山西浑源永安禅寺
——简述"庄严""虎啸龙吟"和"传法正宗之殿"

消费日报网讯（张建德）有幸翻开 1951 年 2 月 28 日，中央人民政府文化部文物局出版的《雁北文物勘查团报告》复印件，看到专家们对古都大同深感文物荟萃之地而自豪。《雁北文物勘查团报告》分为考古组和古建组两大部分，永安寺列入考古组报告范畴，由宿白先生负责勘查和撰写报告。书中第 95 页宿白先生撰写的"浑源古建筑调查简报"，从永安寺、圆觉寺的沿革到今后的保存分别作了全面详细的报告。在永安寺的勘查记录中，特别对传法正宗之殿的台、平面、斗拱、梁架、柱和础石、殿顶、平基藻井和天宫楼阁、牌匾、彩画、佛像、年代展开了考证和记录工作。第 106 页第一行中提到"雁北僻县居然还发现六百年前名家榜题，真是出人意料之外！"的感叹之语。

如下是作者简述"传法正宗之殿"牌匾和篆刻在墙壁上的"庄严""虎啸龙吟"年代的考证。

一 简述"传法正宗之殿"匾额年代考证

"传法正宗之殿"镶刻在一块内高 184 厘米，内宽 135 厘米的木匾上，东侧首行书"昭文馆大学士荣禄大夫掌诸路头陀教特赐圆通玄悟大师雪庵溥光书传法住持嗣祖沙门月溪觉亮立"；西侧第二行书"时大元国延祐二年四月日大功德主永安居士孙将仕郎前本州岛岛判官高璞建"；东侧第二行书"时大明嘉靖

二十二年岁次癸卯五月吉旦山西行都司大同后衡指挥使郭江重修"；西侧第三行书"时大明万历十五年岁次丁亥仲春钦从守备浑源城以都指挥体统行事指挥使云中郭江子郭翰重孙郭恒禄重立"；西侧首行书"时大清乾隆二十六年重创并修"。

雪庵溥光书"传法正宗之殿"匾额论证，因雪庵溥光任荣禄大夫缺乏文献资料，依据现有金石资料逐一论证如下：1. 传法正宗之殿建于元延祐二年四月；2. 雪庵于元延祐二年三月三日，在陕西户县祖庵镇的重阳宫大元敕藏御服碑中书"敕赐大重阳万寿宫"，落款是昭文馆大学士荣禄大夫雪庵溥光书；3. 元延祐三年元仁宗恩赵孟頫为荣禄大夫。

依据如上三点论证"传法正宗之殿"匾额，雪庵于 1315 年 4 月～1316 年书，也就是 1315 年 3 月 3 日书"敕赐大重阳万寿宫"之后，经浑源返北京的时候为大殿书"传法正宗之殿"。

※ 雪庵，俗姓李，字玄晖，名溥光，大同人。在《书史会要》卷七中记载："溥光为诗冲淡粹美，善真、行、草书，尤工大字，国朝禁匾，皆其所书。"

二、简述篆刻"庄严"大字年代考证

"庄严"篆刻在传法殿正壁外墙梢间，每字高 376 厘米，宽分别是 250 厘米、275 厘米，题头朱文篆刻"古雅绝伦，壬午夏月"，落款"太原龙山段士达

书"，紧跟印章两枚，第一枚"段士达印"高 18.5 厘米、宽 19 厘米；第二枚"龙山月溪"高 18 厘米、宽 18 厘米。这些精美绝伦的书法珍品，仅书"壬午夏月"，成为当今学者断代问题的一个焦点。

从大殿始建到如今已有十二个壬午夏月，显然，仅以"壬午夏月"断代是不可能的；从落款"太原龙山段士达"考证，现有资料没有段士达的生卒年份；笔者只能在"龙山月溪"这枚印章上去做文章，因"传法正宗之殿"这块匾中还有一个"沙门月溪"，"沙门月溪"与"龙山月溪"有没有关系？以笔者观点认为"沙门月溪"和"龙山月溪"都是段士达的名号，沙门月溪是指已经出家的段士达，龙山月溪中的龙山是段士达俗世中故乡的名称。

一是"沙门月溪"和"龙山月溪"如果不是同一个人，书庄严的龙山月溪在纪年上不可能只书"壬午夏月"，这种没有年号的落款方法绝对不是书法惯例，除非书庄严的龙山月溪故意忽略年号误导后人；二是"沙门月溪"和"龙山月溪"如果是同一个人，可以理解为对雪庵大师的敬仰，处在同一个时期只书"壬午夏月"记年也是可以的；第三"沙门月溪"是指佛门月溪；"龙山月溪"的龙山是指太原龙山，两个月溪出现在同一个地方，而且只书"壬午夏月"，只有一种解释就是建殿之后的第一个"壬午夏月"书的"庄严"二字，也就是说"庄严"是 1342 年 5 月书写在传法殿墙壁上的。综上所述，"庄严"是在建殿后的第一个壬午夏月书写的。

※ 段士达祖籍稷山，金朝灭亡后，因段成己、段克己不为元臣而隐居于太原龙山。段士达秉承家学，不涉仕途，善于书法，号龙山月溪、亦称沙门月溪，于 1315 年至 1342 年之间在永安禅寺任住持。

三、简述篆刻"虎啸龙吟"年代考证

"虎啸龙吟"篆刻在传法殿后壁的次间与梢间，每字分别高 378、384、372、362 厘米；宽 302、301、283、341 厘米。题头一叶形内书"克己"，另起一行阴刻"大清乾隆上章困敦终皋五月，落款"张暖书"，紧跟印章两枚，一枚是阴刻"张暖之印"，高 16.5、宽 17.5 厘米；一枚是阳刻"X 明"，高 17、宽 17.5 厘米。

"大清乾隆上章困敦终皋五月"在《尔雅·释天》中解释，太岁在庚曰上章，在子曰困敦；终：终结、终止；皋：水边的高地、五月。这里已书明五月，所以皋在这里是指水边的高地。过去永安寺传法殿西侧有大水坑。综上所述"虎啸龙吟"篆刻于大清乾隆庚子年五月（公元 1780 年）。

责任编辑：晓波

永安禅寺壁画考证

永安禅寺壁画是佛教在大型水陆法会时，用于举办仪式的恭敬画。亦称"水陆画"又称"水陆斋"和"水陆道场"。其全称是"法界圣凡水陆普度大斋盛会"，是佛教经忏法事中最隆重的一种。大殿内四壁布满高3.3米、总长57.3米的巨幅重彩水陆画189.9平方米（其他资料均是170平方米和包括绘画斗拱眼天龙护法图在内的275平方米，这样两种说法。以笔者多次查实，殿内四面墙壁应该是189.9平方米），其壁画分隔成135组，绘画水陆人物895个（其他资料均是882个，以笔者多次查实，殿内四面墙壁绘画水陆人物应该是895个）。其壁画面积189.09平方米和绘画水陆人物895个，暗藏中华民族传统（九五至尊）和建造传统（不凑整、留余地）的观念。其规模之宏大，绘制之完备，实为佛教经忏法事之胜处。

笔者在永安禅寺工作多年，对历经八百多年的古寺，心存探究之念已久。永安禅寺因历史悠久，又经历朝历代的多次修缮，今人对永安禅寺之说法多有出入。本人力求实事求是之能，逐步从各个方面深究其历史渊源。今在北岳报四版撰文，先以殿内东、南、西壁的上中下三层壁画作一论证，希望能起到抛砖引玉的效果，力求对永安禅寺之文化内涵的深入研究。

考证一：殿内东面墙壁中层，从北至南，第三、第四组壁画内容是"天马天鹅双女狮子巨蟹宫神"、"阴阳金牛白羊双鱼宝瓶摩羯宫神"，此两组壁画是道教信奉的黄道十二宫神，十二宫神亦称十二次。据《汉书·律历志》记载，十二次名称是：星纪、玄枵、娵訾、降娄、大梁、实沈、鹑首、鹑火、鹑尾、寿星、大火、析木。最初是为了记录太阳与月亮沿黄道运行时相交的十二个部位，后被星相家作为星占术应用。到明朝末年，欧洲天文学传入中国，把十二次译成洋文名称，在永安禅寺水陆画中显现。以此考证这两组壁画，应该是明朝末年以后绘画的。

考证二："永安寺置造供器记"碑文中记录到："丙辰年，张宇重塑画工，摅诚绘壁，协力冥阳水陆诸神，悉备金碧辉煌，焚香引气，修设道场，年逢夏四，祀奉香烛供器乏具时，在丁卯集众同意捐施锡铁，……皇清康熙二十六年"（标点是笔者加注）。此碑文大意是：在康熙十五年，张宇重新塑造壁画，集同道的共同努力，用尽了所有的精力把全部的冥阳水陆诸神重新绘制成功。以此碑文记载，结合殿内壁画，经过实地考证，东壁、西壁、南壁诸水陆画125幅（不包括正壁十大明王十组水陆画，计37个水陆人物），水陆人物858人，均是在康熙十五年到二十六年之间重新补修、补绘而成的。

从以上两点考证，永安禅寺传法殿之东、南、西壁诸水路人物画，均是在康熙十五年至二十六年之间，完成的重绘补绘工作。由此也说明了殿内东壁、西壁、南壁水陆人物画，在康熙十五年前就已经有了水陆人物画。这一次的水路人物绘画，只是永安禅寺传法殿元代水陆人物画的重现和延续。

互动求解：殿内南壁，门东侧，从东至西，下层第三组"往古贤妇烈女众"。这一组应该绘画恪守妇道、忠贞不渝、以死坚守贞洁的儒家思想中的良家妇女形象。但是，在这一组水陆人物画中，本应该是绘画妇女形象，结果在这一组水陆人物画中绘画了一位男性农夫。在这组壁画中绘一男性农夫模样的男子是什么说法？敬请各位同仁指点。

二〇〇九年十一月

《永安禅寺壁画考证》一文是作者探索研究永安禅寺壁画期间编写的，于 2009 年 11 月 23 日刊登在浑源县《北岳报》第四版。

石构件解读

此石件为上外边为六面，下外边为八面，在四个角的面下方有四足立地，总高50厘米。底面有四个正面，每个面的长53厘米，四个角面，每个面的长12厘米。上外边是六个面，中间是圆形锅底，锅底正中有一直径约6厘米的圆孔，上边的对面宽67厘米，对角宽78厘米。现在存放于传法殿前大平台，六面中的五个面是寓意图案，六面中的其中一面有铭文。

全文如下：

大清道光七／年岁次丁亥／端月朔□□／山西大同府／浑源州街／巷世德堂张／氏石匠王／增盛造重六／百九十九觔

《神州大永安禅寺铭》碑文

《神州大永安禅寺铭》碑立于元初至元卅一年，如今镶嵌在永安禅寺东垛殿前檐窗台中，碑高 66 厘米，碑宽 87 厘米，已经毁坏约四分之一，风化比较严重，文字已经难于辨认。

全文如下：
……老住持神州大永安禅寺铭
神州大永安寺者古之道场经烽火后僧亡寺废唯法堂钟楼至（今未）
（被）摧矣
□□□有本郡节师高君永安居士其子仲栋乐善居士家备（五钟）
（恭）敬三宝因凤世曾行于布施故今生得享于富饶乡里大修伽蓝澡
存寔高君之力也于此寺有大因缘焚香择火朝夕殷勤（父）子相谓□
若非革其律居终不能兴宜得大禅老王之延接方（悉）以增郡邑之□
唯时闻燕□间□大宗师退居竹林禅学道行蔚为时称若得之供养
吞门之乡幸也乃驰疏敬请师欣然而来驻锡不数年刱建佛殿云堂方
丈府库轮奂一新成大丛林尊师为第一代莅事精严动有师法衲子
望风而来众□咸百千指师将示寂谓众曰吾兴此寺所抚有三殿（今）
圣容三门藏教未得完具他日儿孙当有继我者而后虽经数大住（持）
穷智极力竟不能振一时斋粥尚尤不饱况藏经三门□□（萤）台西□
砌墁坂□□州重云彩绘大殿至元巳丑（1289 年）永安虚席寺门执事谋功□
主□直节高仲挥（子）宣武将军高琰闻保德州承天寺云溪嗣法西□
公长老归云重孙也有德宗师驰疏邀之师诺然来居（住）不再年□创建大解脱门
五楹次年遇大坛越……
宣差人都鲁经过神州感师之德闻叙藏经之缘逐捐己财宝钞五千……
以充经价偏化信心所获不啻前数输赀一万贯置贝章六千轴□
六百个三门严丽藏教涣然成一时之壮观遐迩见闻欢未曾有
观其西庵举止咸重作事不凡以为归云再世矣缘事告成寺门甫（然）
倦于应接思求□养而乃退休官负耆宿泪功德主具疏复请坚辞不

应有奉训杜侯任之神州慕师之道义感师勤迹谓副寺文兴曰退堂

长老住经几何□兴曰住自至元己丑（1289年）退堂癸巳（1293年）莫秋太守曰诺斯奇人

世故军有前后五鼓为大缘事其功弗浅盖志诸石庶千载之下声名

不朽亦激后昆□思之心耳一日杜侯挈州吏李连同副寺之谒余为

之记愚自矜口奉训杜侯气量若湖海皎然如日月秉性忠直□怀磊

落鲜德薄缘焉肯崇信辞让不获而谓曰事之隆者故有待于时而（后）

于人虽有人而不过其时不能成纵遇时不得其人亦不能成矧此□

利高天发心□□为倡尤值休明之时功□罔而中废今西庵老岁□

以疲之际□风凋瘵之时典于此殊胜缘行如此饶益行其所谓离□

能为之事与因直书以为记□至元卅一年岁在甲午（1294）初夏朱明□□

中□童宫禅□退隐西严撰□□大永安禅寺监寺文（兴立石）□□□

大寺僧首座道彬□云中石匠刘□□

奉训大夫浑源州牧兼管诸军培奥内□□寺□杜让立石

《永安寺置造供器记》碑文

　　《永安寺置造供器记》碑立于清康熙二十六年，如今镶嵌在永安禅寺西垛殿前檐窗台中，碑高61厘米，碑宽84厘米，保存比较完整，碑中的部分文字已经难于辨认。

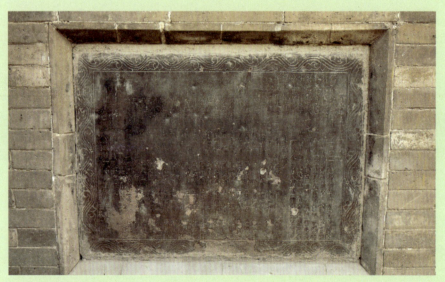

《永安寺置造供器记》

全文如下：

永安寺置造供器记

丙辰之岁殿宇重塑画工摅诚譄壁协力冥阳水陆

诸神悉备金碧辉煌焚香引气修设道场年逢夏四

祀奉香烛供器之具时在丁卯集众同意捐施锡铁

制造炉器八十七觔大小各异三十二件贮藏本寺

慎终如始不德玩惕用垂悠远诣可废弃名刻石碣

以绵事祀善力常与后人勿替功次序列是以为记

浑源城守府徐　超萧氏

浑源州吏目王再祥　乡者李□帝　　　　扣印

巡检司巡检张正嘉　乡约张　元　杨光顕　刘道

贡生张云凤　阎佳凤　薄门张氏　王门贾氏

庠生（葛生光等十人，共二行，每一行五人，）

□心（陈芪，这一组的人物，共十六行，每行五人，在下一行的结尾刻有"远财"的名字，如果加上他就是八十一人的名单。）

皇清康熙二十六年岁次丁卯夏六月吉旦立　远财

　　住持常桐施钱式千肆百文

化主法喜施钱式千肆百文锡匠祁　明

王□录　　　石匠蔡　相

《浑源州永安禅寺第一代归云大禅师塔铭》碑文

2012年初秋，有幸在诸多的游客中，接触到来自北京的包世轩先生，并得到包老的支持，把北京潭柘寺塔院关于《浑源州永安禅寺第一代归云大禅师塔铭》全文发给了我，在此表示感谢！

归云大禅师幢塔建造于蒙古汗国时期，建于"丁未岁清明日"，即蒙古定宗二年（1247年）。当时燕京地区被蒙古族占领已有32年，只是蒙古汗国版图上的一个行省。当时元朝还未建立，蒙古族中央政权尚未迁都到燕京。

归云大禅师石幢塔倒塌，陷入地下已近百年。1985年以前由山下前往潭柘寺，其捷径便是穿过没有院墙的塔院北行即可到达。归云大禅师幢塔在塔院内小道边，石雕件暴露于地表。1982年北京市园林局重修塔院古塔期间，将此幢塔残存石件挖出，补配缺失石雕件重新立起，恢复归云禅师幢塔原有历史风貌，但将其位置向西侧隙地迁移近20米。

《浑源州永安禅寺第一代归云大禅师塔铭》全文如下：

容庵老人得临济正派，以大手股本分炉捶锻，炼法子十有七人。其道行襟带杰然有闻，足以光佛祖庭、拳龙象者，浑源州之永安第一代归云大禅师是也。

师讳志宣、字仲徽，生于广宁李氏舍。资质不凡，少辞亲出家，师□□容庵于玉泉，禅学不辍。继容庵应命领燕山竹林，师参侍老人，日悟宗旨。会金氏□

南迁燕民艰食，父子夫妇致不相保。唯师供老人弥谨，道粮不足，己则□藜□啖松柏，以粥饮奉老人，□□孝之誉，闻诸丛席。明年师毕大事于容庵之室，淘汰既精。容庵退卧西堂，庚辰岁也（1220年）。

燕京行省请师（归云）开堂，传法竹林。容庵寂灭，遂谢事。应义州丛林之请，既而浑源州长官高公闻师道价，以本境之柏山请师居之。柏山一洞下精舍，大隐所建者。夷门破一大隐之孙。听公南来，缘锡未遂。师尽以其寺所有授之，远近高其义。开山古香积北堂，今之永安也。栋宇重新，禅侣云集，久之。□□□□柏林，增修堂庑，广常住田园。追念临济、赵州二大老，俱以平常语□人□□也，功成乃往□□□□居时□之。自□广宁之荐福，所坐凡七名刹。退休之所□□浸水则归云堂；西馆则归云庵。处处唯以□物□□为心。癸卯之春（1243年），燕山居资戒会，天下禅教师德聚焉。师遵祖令，不振召而不赴，其重正法如此。

其在荐福也，浑源高公遣使请师复领永安，师嘉其诚。欲置公究竟常乐之地，不远二千里而来。一日化缘将昼□□□□门人以公□□□□此讵可强为哉。是必师以道感其心有不可解者矣。丙午（1246年）季夏月四日，师召乐善居士高公，付之□□。其夜书偈辞世云：五十九年掣电，月钩云饵作伴。而今抛却纶竿，星斗一天炳焕。掷笔而逝。茶毗日获舍利百数。师春秋五十有九，夏腊三十有三。得法子信亮、道因等如容庵之数。受戒者百余辈。□□子

《浑源州永安禅寺第一代归云大禅师塔铭》碑文

□□□□□□□□□□□□□□一祭。以师之灵骨分葬四道场：永安、潭柘、玉泉、柏林也。遗文有语录一，归云集一。

海云禅师来求潭柘塔铭。寂通居士（陈时可）叹曰：归云起从医无虑山，需为法雨、滋养燕赵。云中（今大同地区）后觉无负容庵矣！岂待老夫铭哉。

但师住持柏林时，尝以真际（赵州从谂禅师）语录寄老夫。其行状有云：吾出世之后焚烧了，不用净淘舍利。身且是幻，舍利何有！此赵州古佛临终戒群弟子语。足知吾归云安有意于此也！盖乐善居士高公护法精诚，暨一方信士志以奉佛致然。老夫谨以其始终铭之曰：

开堂竹林，春雷发音，于嗟乎归云。

示寂北堂，玉德舍光，于嗟乎归云。

丁未岁（1248年）清明日法侄海云印简同嗣法小师道因立石。

《重修永安寺碑记》

《浑源县志》记载《重修永安寺碑记》全文摘录如下：

乾隆二十五年，我在浑源担任知州的第四年，告状的不多，公事很少，年景又是丰收年。州人有的向我请求说："州衙东面的永安寺，元仁宗延佑初年都元帅高定建立，是州里百姓祈祷祭祀的地方，经历的时间长了，恐怕就要毁掉，敢请示您的命令重新修缮。"我同情他的诚心，便同意了，带头捐助银两，州里的人士都愉快地布施，不到十天，钱财完全集中。随即，便丈量了原有的地址，画出了重建的图形，召集工匠，准备材料，挑选有才能的人主管这项工程。乾隆二十七年冬完工。寺院总共五重：先是寺前空地，其次是护法殿，再其次是大雄殿，第四是和尚住房，最后是铁佛舍。正殿左右是配殿，塑观音大士，关壮缪像；缪面厢房各五间，是文武官员的庆贺班所，鼓楼钟室在它的正面。护法殿左右是主持的住室，招待客人的厅堂。正殿设置皇帝牌位，正殿房顶是黄瓦，规模宏敞，金碧辉煌，端重庄严，居然是一州的雄伟地方啊。

有位客人告诉我说："听说佛以清静寂寞为准则，世界隐藏在针锋里，力量大过狮乳，耳目口鼻，一旦为外物所牵引，便没有对处，后代人用贵重的粮食、珍宝，用庄严隆重的仪式供养他，都是他们的弟子欺骗世人，讹诈百姓来供自己花用罢了。现在寺院这样壮丽，不是错误的吗？"我说："不是这样。佛，是他们国土的人尊重他们的名称，也跟中国称人为圣人是一样的。开始时不知道中国圣人的道理，自己建立宗教，陷入了虚无境地，其实他们的性情还是一样的。现在他们的书还都在，看到他们的动静起居、论道、训徒的礼仪，跟中国没有大的差别。假使佛果真可以冻了不穿衣服，饿了不吃东西，那么，他们露天住宿不凭借房屋也是可以的；如果冷时不能没衣服，饥时不能没吃的，那么现在老百姓家偶然宾客来到，还必须干净地打扫房子，整洁地整理用具，让他们能遮风避雨才感到安心。佛是在西方受人尊敬的，难道反而可以让他跟打柴的放牧的作邻家，跟粪便垃圾相连接。座上长着杂木荒草，门前斗着野窨待立，左右的塑像颠倒歪斜在蒲团上做对面哭泣的形状吗？我并不是为了向佛献媚而这样做的啊。"进言的人说："这样当然也是对的。但是我听说，浑源土地瘠薄，天气寒冷，生物很少，没有珍贵奇异的物产，没有大商富贾的资本，举行葬礼婚礼都靠别人的力量，现在一座寺院便花费几千两银子，难道不是损伤百姓的钱财吗？"我说："这又不对了。浑源自从本朝建国以来，养好战争的创伤，从沟壑之中救起了老福，减免了赋税，勉励人们开垦荒田，百姓收不到兵火的祸患，多年之间，各自安然地凿井耕田而食。到现在已经一百多年了，大凡人们收到一顿饭的恩惠还想着报答，何况子子孙孙享受国家几世赐予的幸福呢？朝参圣君不是那样的地方，歌功颂德又没有那样的文章，暂且凭借佛的一块区域，焚香跪拜，来申述他们的心愿，那事情简单可他的心意却很真诚。况且旱涝瘟疫州里也常常有，百姓容易迷惑又难以知晓，又将要在这里请求祈祷了。假使祈祷了而不灵验，他本来就没有什么损失；假使祈祷了间或灵验，他就要认为佛确实有法术，我又何必用聪明人所不相信的而阻止糊涂人一定相信的呢？乾隆二十四年春，邻县境内遭荒欠收，州内粮价飞涨，我说人们捐出粮食，平价出业，听到消息的人接连不断地来到，只恐落到后面，不到三天便局势大定。百姓靠它解决困难，可是对公利奋发去做，见好事一定要办，是州人平素地风尚，不只是对建一座寺院是如此啊。"客人表示接受而离去，因而叙述了经过作为记。

永安禅寺
恒山脚下的水陆道场

元代瑰宝——永安禅寺

欢迎大家参观浑源县七处全国重点文物保护单位之一的永安禅寺，赏析古代圣贤为我们创建并遗留下的这一历史瑰宝——比较完整的元代古建筑群，山西省两处典型的元代壁画之一，元明清历代镇边安抚民心的水陆大法会道场。

让我们一起走进北岳恒山脚下浑源古城的永安禅寺，探寻古人为我们留下的这一份文明与智慧。

永安禅寺。永安禅寺是一处比较完整的元代古建筑群，主殿是传法正宗之殿，殿内四面六壁壁画是山西省两处典型的元代壁画之一。永安禅寺坐落在山西省大同市浑源县永安镇鼓楼北巷原永安街北端，是北岳恒山脚下古十大佛寺之首。永安禅寺原有三进院，第三进院毁于1945年，现存两进院是一座比较完整的全国极为罕见的元代瑰宝。永安禅寺，亦称永安寺，俗称大寺，永安寺于1986年8月18日山西省人民政府公布为省级重点文物保护单位。2001年6月25日国务院公布为全国重点文物保护单位。

永安禅寺的特点。永安禅寺的特点是"建筑独特、榜书宏大、壁画恢宏、砖雕精美"。是一处体现了元代时期重众教思想下，众教融合的水陆法会场所。因元初重创发起人大功德主高定是永安军节度使，退隐后自号永安居士，人称高永安。又因永安禅寺第一代住持归云大禅师是临济正派禅宗高僧，同时也因为恒山脚下是农耕民族与游牧民族经常发生争端的地方。其一是为了高定祖孙三代创建寺院有功，其二是为了

实现当地民众"永远平安"的美好祝愿，始称为永安禅寺，隐意为国泰民安，永远不再有战争，此名一直沿用到现在。

寺前建筑原有清康熙十八年创建的"亲保善林"牌坊。寺内沿中轴线的主要建筑原有：山门、天王殿、瞻仰楼、月台、传法殿、铁佛殿（原第三进院主殿）、放生池（原寺院西侧、俗称大水坑）。

永安禅寺山门五楹，黄色琉璃盖顶，东西两侧建琉璃二龙戏珠八字扇面墙，历史上称为"大解脱门"。一般寺院开一个门或者开三个门，而永安禅寺是正面开五个门的特殊寺院。北京北海永安寺，是清顺治年间的皇家寺院，同样开五个门，可是，五个门其中的无相门，无作门是两个虚门，也就是说，这两个门是不能通行的两个造型门，五台山的皇家寺院塔院寺也是这样的。浑源的永安禅寺开五个门都是可以通行的实门，分别是空门、无相门、无作门、东方便门、西方便门。浑源永安禅寺作为一个民间创建的寺院，为什么有如此高的规格呢？首先是民间的传说：民间传说永安军节度使高定，是为了给自己盖皇宫而建，即将建成时被大同总督发现后向皇帝汇报了实情，高定知道消息走漏后，连夜就用荞面塑像，把在建的皇宫及时地改成了寺院，躲过了杀头之罪。其实，永安禅寺有这么高的规格是有渊源的。永安禅寺虽然不是皇家寺院，但是在元朝重众教思想的氛围中，处处与皇家有默契的关系。元初本郡节师云中招讨使、都元帅、

永安军节度使高定在寺院废墟之地创建永安禅寺的时候，敬请了北京潭柘寺临济正派大德高僧归云宣大禅师。忽必烈曾经于1242年请归云宣大禅师的师侄海云印简大法师赴帐下奉以师礼，因海云印简得到蒙古皇帝推崇，到元中期敕命赵孟頫撰《临济正宗碑》，将容庵——中和璋——海云及嗣法弟子奉为临济正宗。也就是说永安禅寺是忽必烈师傅的师叔规划的一处特殊的寺院。

永安禅寺除了规格高，还有一个特点就是，包含的文化内容独具特色。在山门殿刹立有一个伊斯兰建筑的装饰构件，源于高定的孙子宣武将军高琰邀请归云宣大禅师重孙保德州承天寺云溪嗣法西庵长老，他们在1289年为永安禅寺创建山门之时，恰逢忽必烈的母亲在全国推广景教文化。景教，就是现在的基督教，基督教与伊斯兰现在是两个不同的宗教，但是在元代时期，他们对我们来讲是没有区别的，所以说，立伊斯兰的建筑风格就是为了意喻景教的文化标志。立景教文化标志有两重含义：一是为了迎合政治的需要，把意喻景教文化伊斯兰建筑的装饰构件立于山门殿刹。二是为了景教的寓意好，"景教"在蒙古语中称为"也里可温"，"也里可温"汉译为"有福缘的人"，寓意进入永安禅寺大解脱门的人都是有福缘、有福报的人。其实还有一个渊源是，因为忽必烈于1253年在六盘山从八思巴受萨迦派喜金刚灌顶，以八思巴为上师尊为国师。永安禅寺寺内元碑记载："藏教焕然

成一时之壮观。"永安禅寺传入藏传佛教文化内容之后，直到1315年创建传法正宗之殿的时候，在传法殿正脊居中立有藏传佛教文化标识，在传法殿殿内墙壁上的壁画的主体位置上绘画了藏传佛教密宗的十大明王，东西两侧壁画绘画了融合佛、道、儒、萨满文化的内容。永安禅寺的壁画可以说是考证元朝重众教思想的珍贵遗存，也是研究元、明、清历代皇帝在兵家必争之地的北岳恒山脚下，用于镇边而启用的水陆大法会道场的珍贵遗存。

2009年7月26日，时任中国佛教协会副会长兼秘书长、藏传佛教学衔工作指导委员会副主任学诚（俗名傅瑞林）法师视察永安禅寺的时候指出："永安禅寺应该是七进"。永安禅寺是七进院落吗？在文史档案中的记载是没有提到过七进呀！在实地勘察之中也没有发现过七进的蛛丝马迹呀！最后决定重新查阅建筑规制，重新考察丈量能够建筑地盘的存放量，以建筑规制和地盘的存放量推敲是否属实。经过实地考察，在早于寺院的建筑之前，于后唐（927年）时期，在寺院的北面是建有城墙的，城墙是在20世纪70年代毁坏的。也就是说，元代建寺院的时候，是有城墙限制了他的布局。想到这里，研究人员从寺前到城墙的根部丈量了地盘，上图纸以现有的一二三进院院落量制的布局排列后，加上寺前建筑的一进，至城墙处恰好可以容纳七进，而且至城墙的根部还可以留有一定的余地。

第一进院的主殿是"天王殿"。天王殿建于高大的台基之上，东西两侧建五脊六兽垂花门，碑廊，东、西、南僧房，是一处长方形的院落，也是由俗入清的地方。

　　天王殿坐落在第一进院正北的高台之上，台高七步，面宽五间，进深两间，中开穿门连接第二进院的瞻仰楼。屋顶是一组典型的大悬山式连接二进院瞻仰楼歇山式卷棚顶的建筑风格。护法天王殿殿内两侧原塑手持武器，肩负着风调雨顺，五谷丰登，天下太平的持国、多闻、广目、增长四大天王，中间是象征着慈悲宽容，能够除去痛苦给予欢乐的弥勒菩萨和象征着威严神圣，能够护持东胜神洲、南赡部洲、西牛贺洲三洲出家人，护持佛、法、僧平安如愿的韦驮菩萨，遗憾原有的塑像与壁画早已毁坏。天王殿木质阳刻贴金楹联一副，上联：持国多闻迈达理上生仰北岳；下联：广目增长阿逸多下化俯恒山。正南是空门，空门内侧的楹联是，上联：大寺小寺报国寺寺寺祈祷东南西北皆如愿；下联：钟声鼓声诵经声声声护持春夏秋冬常永安。空门外侧的楹联是，上联：清心入寺一念归真行般若；下联：净身礼佛万尘落尽笑拈花。无相门的楹联是，上联：菩提本无禅禅者生禅意；下联：世界若有佛佛性成佛身。无作门的楹联是，上联：注色人有色无色层层色；下联：行空者是空非空处处空。东垂花门的楹联是，上联：虎啸龙吟波罗蜜；下联：法相庄严弥陀佛。西垂花门的楹联是，上联：正宗之殿佛恒住；下联：永安禅寺法长存。东、西、南配房的楹联是，上联：有禅生净土；下联：无明失精进。上联：始进三餐粮；下联：终出一身轻。上联：怀德施善如是是；下联：修身养性尽空空。永安禅寺楹联同样极具文化特色，如上联：怀德施善如是是；下联：修身养性尽空空。亦可读作上联：尽空空怀德施善；下联：如是是修身养性。如上联：正宗之殿佛恒住；下联：永安禅寺法长存。亦可读作上联：佛恒住永安禅寺；下联：法常存正宗之殿。如空门楹联，上联：清心入寺一念归真行般若；下联：净身礼佛万尘落尽笑拈花。亦可一句话读下来：清心入寺净身礼佛一念归真万尘落尽行般若笑拈花。如今各殿堂的楹联，为游客朋友们"禅"释了寺院普度众生的其中意义，也助兴了游客参观时的趣味性。偈语：

　　禅语禅联禅寺生

　　解读禅寺咏古声

　　由俗入清化生地

　　迎来送往成德人

　　第二进院的主殿是"传法正宗之殿"。传法正宗之殿坐落在第二进院正北的高台之上，面宽五间，进深三间，殿前是宽阔的月台，月台之上分设东西南三面石阶，台高七步。以传法殿为中心的东西两侧是垛殿（耳殿）、配殿、钟鼓楼，正南是瞻仰楼，是一处接近于正方形的院落，也是由清入净的地方。

　　传法正宗之殿既是第二进院的主殿也是现存永安

禅寺的主殿，一般寺院的主殿是大雄宝殿，或者是传法殿等等。寺院的主殿叫"传法正宗之殿"是全国独一无二的，书写"传法正宗之殿"的人同样是全国独一无二的大家。他是中峰普应国师七世之法孙，雪庵大法师李溥光。溥光五岁出家，十九岁受大戒，终其一生，始终担负阐扬教事、巡视教所、讨论教义的职责，为诗冲澹粹美，善真、行、草书，尤工大字，凡宫禁中之匾额皆为其所书。"传法正宗之殿"匾额，是元延祐二年大学士荣禄大夫雪庵李溥光书。传法正宗之殿是单檐减柱式庑殿顶，俗称四坡顶，殿顶上覆黄、绿、蓝琉璃筒板瓦，是一组屋顶以黄色为主色调的建筑。传法正宗之殿是永安居士高定孙（将侍郎、前本州岛判官）高璞创建于元延祐二年（1315年）四月。屋顶正脊居中置殿刹，殿刹是藏传佛教文化的标识，在殿刹的门洞内书"天地三界十方万灵真宰"。屋顶正脊居中依次置道教文化中的八洞神仙铁拐李、钟离权、吕洞宾、张果老、曹国舅、韩湘子、蓝采和、何仙姑，东西两侧置佛教文化中的二位护法天王，体现了北岳恒山脚下的永安禅寺传法正宗之殿融合众教普度众生的真实意义。

传法正宗之殿殿内砌高台建须弥座，殿内正中原塑巨大的金身横三世坐佛，东西两侧原塑四大菩萨和两位护法天王像，梁架之上原塑二飞天。在佛教文化中，三世佛分竖三世佛和横三世佛。竖三世佛是从时间上体现了佛的传承关系，是佛法永续、世代不息的

意思。横三世佛是从平行空间的方位上体现了佛的关系，也就是殿内居中的毗卢遮那佛、东方净琉璃世界的药师佛、西方极乐世界的阿弥陀佛。殿内两侧塑四大菩萨和两位护法天王像，可惜这些精美的塑像，在资源匮乏的年代因粮库占用毁于1966年9月份。宿白先生在1951年2月28日的《雁北文物勘查团报告》中写道："金柱间砌扇面墙，墙前砌大砖台，上置须弥座三，上塑三坐像，小砖台二，上塑阿难，迦叶。大砖台外侧，东西又各斜排三砖台，上塑四菩萨和二天王"。对平棊藻井和天宫楼阁中写道："次间、稍间都是彻上露明造。当心间佛像顶上起藻井，藻井前置平棊，平棊藻井下，扇面墙和五椽栿上起天宫楼阁；在五椽栿上的是重檐，施斗拱三层，即上檐、下檐、平坐。扇面墙上的是单檐，施斗拱二层，上层承托藻井下缘，全部斗拱，都用四十五度斜拱"。对扇面墙的彩画中写道："当心间扇面墙的正面，画菩萨，两侧各有二侍者，上部角隅画二飞天，全幅笔意磊落遒劲，可能是元画，且经重描。扇面墙后，中间画观音和二侍者，行笔更是雄健圆转，大概因为位置无关紧要，所以后世重描的次数比较少"。对殿内塑像中写道："殿内佛像，大概都是旧塑，但应经后世修饰，所以有的显得呆板，须弥座上的三坐佛，就是如此；佛侧的阿难、迦叶和菩萨，比较生动；外侧的天王更为雄壮，但是能保持原来姿态的是当心间五椽栿下悬空向佛作礼拜状的二个天女，线条柔和优美，最是妙塑！"

五爪彩龙盘绕在梁架和藻井周围，斗拱眼壁内侧彩绘天龙护法三十四组，外侧彩绘坐佛护法和天龙护法共三十四组。五椽栿上天宫楼阁背面彩绘降魔坐十方佛，分列东西两侧各五尊，护持佛法，遗憾西侧五尊已毁坏，东侧五尊比较完整，这些彩绘依据碑石记载应是清康熙十五年至二十六年之间重画。

殿内的绘画分为两个部分，一是绘画在梁架、藻井、天宫楼阁、斗眼壁的彩绘。二是绘画在四面六堵墙壁上的重彩沥粉贴金水陆人物画，即绘画的水陆法会道场。永安禅寺壁画距今700多年色彩依然鲜艳，保存完整，主要原因：一是整体绘画使用矿物染料，不易掉色；二是清康熙十五年期间曾经补修补绘，完善了部分已经毁坏的壁画；三是殿内原有的高大塑像为壁画遮挡了光线。

传法殿壁画是用于举办佛教大型水陆法会时，举行仪式的恭敬画。殿内四面六壁绘画186.912平方米，历经沧桑依然妍丽多彩、金碧辉煌，整体壁画背景没有山石草木的衬托，在东西两侧的壁画中，背景分别配以火焰、祥云（如意纹）图案，以石黄、朱砂为基调，红黄两色交替并列，形成强烈的反差对比来烘托柔和，使人物形象充满了强烈的立体感。绘画895尊水陆人物，计135组水陆故事，形成八幅长卷。八幅长卷分别是明王演法、化生天道、厚德载物、道化十方、虚空宝藏、转身成佛、醒世长卷、永安长福八个内容。

第一部分明王演法。壁画中的主体部分绘画在殿内正壁东西两侧，内容是藏传佛教密宗中的十大明王，十大明王分别是大日如来佛、阿弥陀佛、普贤菩萨、地藏王菩萨、马头观音、文殊菩萨、阿閦佛、不空成就佛、宝生佛、弥勒菩萨的变化身。是永安禅寺主殿绘制水陆人物八幅内容之首，称为"明王演法"。明王对于沉溺于三毒中的众生即如当头棒喝，能令其幡然醒悟。"明王演法"绘画水陆人物37尊、瑞兽14尊、由10组水陆人物故事中的明王组合而成。偈语：

虎啸龙吟般若墙

庄严净地获安祥

法相震慑示威德

佛陀菩萨变明王

明王，又称作持明王，愤怒尊，威怒王。梵语明王系男性名词，女性名词称作明妃。永安禅寺传法殿中的十大明王是佛、菩萨的变化相，用于震慑众生贪、嗔、痴三毒，利乐众生福报。部分游客把永安禅寺传法殿中的十大明王与孔雀明王误认为是同等的明王，其实孔雀明王不是佛、菩萨的变化相，此尊相传为毗卢遮那佛或释迦牟尼佛的等流身。孔雀明王，密号为佛母金刚、护世金刚。在密教修法中，以孔雀明王为本尊而修者，称为孔雀明王经法，又称孔雀经法，为密教四大法之一。根据《孔雀明王经》记载，佛陀在世时，有一位莎底比丘遭到毒蛇咬螫，不胜其苦，当阿难向佛陀禀告之后，佛陀于是传授了一个可以消除鬼魅、毒害、恶疾的修持法门，这个法门就是《孔雀明王经》中的主要内容。另有一说,大鹏鸟是佛祖的娘舅,源于释迦牟尼佛以前被妖魔孔雀吞在肚子里,后来从孔雀腹中破背而出,然后把孔雀收复了,因为佛祖从其腹中破背而出,所以孔雀被认为是佛母,封孔雀为孔雀大明王,放在灵山,做了佛教护法,大鹏鸟就顺理成了佛祖的娘舅。永安禅寺传法殿的十大明王则完全不同,《真伪杂记》十三说:"明者光明义,即象智慧。所谓忿怒身,以智慧力摧破烦恼业障之主。"《圣无动经》说:"假使三千界大力诸夜叉,明王降伏,尽令人解脱渡。"永安禅寺传法殿正壁绘画十大明王尊的绘画形式与唐卡的绘画几乎一致,是因为元朝忽必烈是藏传佛教弟子的缘故。在藏传佛教中的佛、菩萨是以善劝善,以恶制恶,所以出现的明王尊是佛、菩萨为了教化众生特别贪欲者而显化的忿怒威猛相。"明"是智慧光明的意思;"王"是驾驭一切现象的人。明王也称教令轮身,受大日觉王教令现忿怒身降伏诸恶魔。据说诸佛为慈悲怜悯众生,对顺者以和善相相劝,对逆者以威猛相相制。"大威德"喻有伏恶之势,谓之大威;有护善之功,谓之大德。佛、菩萨显忿怒形象是为降伏众魔以及众生因无明而引起的贪、嗔、痴魔障。

第二部分是化生天道。殿内水陆众生相壁画中的东侧第 1 幅至第 10 幅的内容,是总第 11 幅至 20 幅,由 10 组水陆故事 84 尊水陆人物形成的第二组"化生天道"。化生天道是天藏王菩萨引领的无色界四空天众、色界禅天众、大梵天王、欲界上四天主并诸天众、

功利帝释天主并诸天众、东方持国天王众、南方增长天王众、西方广目天王众、北方多闻天王众。偈语:

　　无色有色欲界天
　　大梵天王功德贤
　　天藏菩萨化生事
　　有形无形皆相连

化生天道是永安禅寺传法殿绘制水陆人物八幅长卷之第二幅。在水陆法会中认为,众生供养"化生天道",可亲近天道,远离三涂苦果,不受轮回苦报业,享受喜乐永驻之福德。

第三部分是厚德载物。殿内水陆众生相壁画中的西侧第 1 幅至第 14 幅的内容,是总第 21 幅至 34 幅,由 14 组水陆故事 72 尊水陆人物形成的第三组"厚德载物"。厚德载物是持地菩萨、后土圣母共同引领的东南西北中五岳神众、东南西北四海龙王神众、江河淮济、五湖百川、波池井泉诸龙神众。偈语:

　　地厚载物德闳深
　　持地圣母共担承
　　山岳湖海为辅佐
　　大千世界皆大同

因缘故,护佑万灵福德所致,天地致明,弘扬水陆,孕育万物,润泽十方。厚德载物是永安禅寺传法殿绘制水陆人物八幅长卷之第三幅。在水陆法会中认为,众生供养"厚德载物"长卷,可在持地菩萨、后土圣母、大地诸位神灵的呵护下增加福德,永保水陆畅通,车

船平安，大地和谐，万物和睦，风调雨顺，五谷丰登，事事如意。

第四部分是道化十方。殿内水陆众生相壁画中的东侧第11幅至39幅的内容，是总第35幅至第63幅，由29组水陆人物故事193尊水陆人物形成的第四组"道化十方"。道化十方是道教上仙北极紫微大帝引领的太乙诸神五方五帝，日光天子、月光天子，金木水火土星真君，罗睺、计都、紫气、月孛星君，十二星座，十二元辰，二十八星宿真君，北斗七元星君，普天列曜一切星君，天地水三官众，天蓬天猷翊圣玄武真君，天曹府君众，天曹拿禄算判官，天曹诸司判官，年月日时四值使者。偈语：

三教同根又同源

水陆法会共参研

有情众生行善道

福德果报自有缘

道化十方是永安禅寺传法殿绘制水陆人物八幅长卷之第四幅。在水陆法会中认为，众生供养"道化十方"长卷，可在昏昧迷蒙中觉醒，脱凡胎，入神仙道，远离世俗恶习，改变人生苦短命运，福报身体康泰，长生不老。

第五部分是虚空宝藏。殿内水陆众生相壁画中的西侧第15幅至26幅的内容，是总第64幅至第75幅，由12组水陆人物故事37尊水陆人物形成的第五组"虚空宝藏"。虚空宝藏是虚空藏菩萨引领的主风雨雷电

诸龙神众、主苗稼病药诸龙神众、主斋护戒诸龙神众、三元水府大帝、顺济龙王、安济夫人、大将军黄幡白虎蚕官五鬼众、金神飞廉豹尾上朔日畜神众、阴官奏书归忌九伏兵力士众、吊客丧门大耗小耗宅龙神众、护国护民城隍庙社土地神祇众。偈语：

虚空菩萨虚空藏

宝藏无处不储藏

呵护众生赐利乐

犹如严父育儿郎

虚空宝藏是永安禅寺传法殿绘制水陆人物八幅长卷之第五幅。在水陆法会中认为，众生供养"虚空宝藏"长卷，可得到虚空藏菩萨的无量济度，始得尊师敬长密法，获得无穷利益，享受无尽福报。

第六部分是转身成佛。殿内水陆众生相壁画中的东侧第40幅至48幅的内容，是总第76幅至第84幅，由9组水陆人物故事69尊水陆人物形成的第六组"转身成佛"。转身成佛是大威德菩萨引领的阿修罗众、大罗刹众、罗刹女众、旷野大将众、般支迦大将军、巨畔拏众、诃利帝母众、大叶义众。偈语：

修罗修罗勿作恶

大威菩萨当头喝

威严渡众施善果

大千世界禅中和

转身成佛是永安禅寺传法殿绘制水陆人物八幅长卷之第六幅。在水陆法会中认为，众生供养"转身成佛"

长卷，可得到大威德菩萨大威势、大慈德慈悲心的呵护，远离鬼道和魔道，豁然顿悟，福德永济，成就佛缘，引导众生结缘善果，转身成佛。

第七部分是醒世长卷。殿内水陆众生相壁画中的西侧第27幅至62幅的内容，是总第85幅至120幅，由36组水陆人物故事236尊水陆人物形成的第七组"醒世长卷"。醒世长卷是地藏王菩萨引领的十殿冥王、地府六曹判官、地府三司判官、地府都市判官、地府五道将军、善恶两部牛头阿傍诸官曹众、八寒地狱、八热地狱、近边地狱、孤独地狱、启教大士面燃鬼王、主病鬼王五瘟使者、大腹臭毛针咽巨口饮噉不净饥火织燃、水陆空居倚草附水幽魂滞魄无主无依、枉滥无辜含冤抱恨诸鬼神、投崖赴火自刑自缢诸鬼神、赴刑都市幽死桎牢诸鬼神、兵戈荡灭水火漂焚诸鬼神、饥荒饿殍病疾缠绵诸鬼神、墙崩屋倒树折崖推诸鬼神、严寒大暑兽咬虫伤诸鬼神、堕胎产亡仇怨抱恨诸鬼神、误死针医横遭毒药诸鬼神、身殂道路客死他乡诸鬼神、地狱饿鬼傍生道中一切有情、六道回生中中有情众。偈语：

善果善报福德堂
恶行恶为苦业长
施物施财寿永康
作善作恶自分场

醒世长卷是永安禅寺传法殿绘制水陆人物八幅长卷之第七幅，在水陆法会中认为众生供养"醒世长卷"

长卷，可在地藏王菩萨的护持下脱离三恶道苦业，得到十殿阎罗王的慈悲心，免去前罪，重新积善，脱离畜生道、饿鬼道、地狱道无尽火坑、寒冰、孤独苦业，断绝生死，不断精进，福德永驻。

第八部分是永安长福。殿内水陆众生相壁画中的东侧第49幅至63幅的内容，是总第121幅至第135幅，由15组水陆人物故事131尊水陆人物形成的第八组"永安长福"。永安长福是大圣引路王菩萨引领的帝王一切王子众、妃后宫嫔媵女众、文武官僚众、为国亡驱一切将士众、比丘众、比丘尼众、优婆塞众、优婆夷众、道士众、女冠众、儒流贤士众、孝子顺孙众、贤妇烈女众、九流百家众。偈语：

往古众生迷自性
几度轮回不知空
引路菩萨来接引
超凡入圣化清风

永安长福涵盖了儒释道三教往古先贤代表人物，是众生脱离六道轮回之苦往生极乐世界最具代表性的一部分，是永安禅寺传法殿八幅长卷之收官卷，在水陆法会中认为，众生供养"永安长福"长卷，勤修六度，广结善缘，随喜得乐，可以永驻随心世界，免遭地狱轮回之长久苦业，脱离六道轮回，随念往生西方极乐世界，享受众生敬业福报。

第二进院沿中轴线左右对称建五脊六兽硬山式东西垛殿（耳殿）各三间。东垛殿（耳殿）供奉九天玄女，俗称奶奶庙，东垛殿（耳殿）的楹联是，上联：求破世间儿孙事；下联：舍得今生富贵因。西垛殿（耳殿）供奉关圣大帝，西垛殿（耳殿）的楹联是，上联：关帝舍身容安在；下联：佛门得圣义永存。又一楹联上联：禅茶相一无先后；下联：兄弟不二有仁义。此处的这一副楹联，已经由功德主捐为木质的楹联。东西配殿各七间，同样是五脊六兽硬山式建造，东配殿有霜神殿、十八罗汉堂。西配殿有伽蓝殿、达摩殿。东西配殿南端两角分别有二层阁楼式歇山顶的钟楼和鼓楼，钟楼楹联，上联：十方推敲迎祥瑞；下联：三界因果释真如。鼓楼楹联，上联：鼓声鼓韵鼓里境；下联：禅语禅悟禅中机。正南建瞻仰楼，瞻仰楼是歇山式卷棚顶，于天王殿大悬山式屋顶前后呼应连成一体，瞻仰楼楹联，上联：大寺品茶谈天谈地谈永安不论你长我短转善众生罗刹业；下联：小院参禅迎日迎月迎盛世只愿国富民安享受世代菩提行。天王殿后板门楹联，上联：回首一拜生善念佛门点燃智慧客；下联：空门三省起般若净地施舍缘觉田。第二进院最引人瞩目的是，住持月溪于1342年5月书并篆刻在传法正宗之殿正壁东西两侧稍间的"庄严"大字。永安禅寺在殿堂的墙壁上共篆刻了8个大字，其余6个大字"虎啸龙吟""法相"是1780年5月由张暖书，并分别篆刻在传法殿后墙次间和稍间，天王殿后墙稍间的墙壁上。遗憾"法"字因墙壁曾经毁坏没有保存下来，其余高达3.8米及2.3米的七个大字至今保存完整，这些大

字篆刻在寺院殿壁上是全国寺院中仅有的文化内容。永安禅寺无处不独特，"传法正宗之殿"匾额就是又一个独特之处。一是在全国仅有的一处"传法正宗之殿"。二是书写"传法正宗之殿"匾额的人是一位非常了不起的榜书高僧大德，他是元朝大书法家国朝禁匾之人、时任昭文馆大学士荣禄大夫，雪庵溥光为永安禅寺书于1315年。一般寺院的主殿是"大雄宝殿"或者"传法殿"，而永安禅寺的主殿叫"传法正宗之殿"，同样是全国独一无二、举世无双的。那么"传法正宗之殿"的主题是什么？为什么要创建传法正宗之殿？这个可以用"传法正宗之殿"的楹联做出解读。

上联：永传法殿堂庄严水陆六道四生百众；

下联：安净土佛陀普度天地三界十方万灵。

也就是说，传法正宗之殿是为众生"永传法"和"安净土"的地方，以"永传法"普度众生，以"安净土"超度众生，所谓永传法、安净土不是为佛、菩萨创建的殿堂，而是为了"庄严水陆六道四生百众，普度天地三界十方万灵"而为众生创建的殿堂。这副楹联还可以重新组合出两幅楹联，两幅楹联分别是"上联：水陆六道四生百众安净土佛陀普度；下联：天地三界十方万灵永传法殿堂庄严。""上联：殿堂庄严水陆六道四生百众安净土；下联：佛陀普度天地三界十方万灵永传法。"

原第三进院的主殿是"铁佛殿"。铁佛殿亦称古佛殿，东西两侧的耳殿分别是普贤殿、文殊殿。原第

三进院小于第二进院，大于第一进院，是一处长方形的院落，也是由净入极的地方。明朝时期改称为报国寺，报国寺毁于1945年战乱。

寺院西侧原有大水坑，水池十几亩，古称金鱼池，明朝时期改称放生池，在放生池上建有三座桥，中间建大觉桥，左边建普渡桥，右边建慈恩桥，寓意人们用所懂的道理去教化他人，普度众生从"苦"的此岸到达"乐"的彼岸，教化众生诸恶莫做，众善奉行，使人得到解脱，脱离娑婆世界的苦海。清代乾隆年间曾有人在池中建亭置阁，植荷养鱼。站立在池北向南凝视，寺院与圆觉寺释迦宝塔和恒宗、翠屏诸峰俱倒映水中，湖光塔影，柳浪山色，浑然一体，十分壮观，可惜金鱼池后期填毁。

游客朋友们，恒山脚下的永安禅寺，是了解古代历史文明的良好窗口，同时也是传递社会正能量，提升文化自信的良好场所。您的参观，因永安禅寺的特殊规格和丰富的包容文化，必将为您留下深刻的印象，欢迎各位再次光临指导。同时，也希望您走出永安禅寺继续参观五岳之一的北岳恒山，天下巨观悬空寺，大清治河专家廉吏楷模栗毓美的府第及建筑精美的汉白玉构件墓葬，立于圆觉寺内的金代仿木密檐式实心释迦舍利砖塔。

我的讲解到此结束，谢谢大家！祝大家旅途愉快！

张建德　2018年2月

金代瑰宝——圆觉寺

欢迎大家参观浑源县七处全国重点文物保护单位之一的圆觉寺，赏析古代圣贤能工巧匠为我们创建并遗留下的这一历史瑰宝——仿木密檐式实心释迦舍利砖塔的所在地圆觉寺。

让我们一起走进圆觉寺，探寻古人为我们留下的这一份文明与智慧。

圆觉寺，俗称小寺，坐落在恒山脚下，山西省大同市浑源县永安镇鼓楼北巷原永安街西侧，与全国重点文物保护单位永安禅寺毗邻。寺院正中有建于金正隆三年（1158年），仿木密檐式实心释迦舍利砖塔，塔的全称为圆觉寺释迦舍利塔，塔的每一层檐角皆悬挂风铃，共九层，每层有八个挑角，每个挑角悬挂一个风铃，共有风铃72个，风动铃响，为广大游客增添了无尽禅意。圆觉寺也因塔而成为全国重点文物保护单位之一。

据《浑源州志》记载，宝塔所在之处原为一处寺院，即圆觉寺。塔前正南为山门，山门为单檐歇山顶，建筑高大而讲究。塔的正北为正殿，正殿为五开两进，正殿的东西为配殿，正殿和配殿为砖木结构。清顺治年间《浑源州志》记载："圆觉寺，州治东，金正隆三年僧玄真建。"但是，在塔的第一层南面有比金正隆三年早33年的题刻，据此看来，此塔实际寿龄比县志所记载的要早。明代成化五年（1469年），浑源知州关宗修葺了一次砖塔，并在塔身上嵌了一处当事人员的石刻。明万历四年（1576年）、清咸丰九年（1859年）对小寺塔都

进行过修葺。由于用料考究建筑合理，虽经八百多年的风风雨雨，特别是历史上的几次大地震，塔体仍完好无损。二十世纪三十年代初的直奉战争，寺内为奉军所占领，僧被扫地出门，官兵肆意破坏，圆觉寺原有建筑被破坏的狼狈不堪。日军侵占浑源后，除掠夺大批文物外，将正殿、配殿全部拆毁，只剩下残墙断壁内的一座宝塔。解放初期在塔西南的土丘上立着一通头臂皆断的石佛，此佛质地白细，衣纹流畅和谐，在辽金塑像中当为上乘，所存木雕天王像刀工娴熟，雕刻优美，是明代佳品。这两件仅存文物，不知何年何月丢失。寺内原有的大雄宝殿、东西配殿、钟鼓楼、山门等建筑，近年来又有多次修缮，并已经恢复原有风貌。

圆觉寺金代佛塔，是一座具有近千年历史的释迦舍利砖塔。在过去，外地人无论从哪个方向来，只要能看得见城郭时，最先跳入眼帘的就是高耸城中的宝塔。圆觉寺释迦舍利砖塔，一如其他金代佛塔，承袭了宋辽风格。金灭辽后，继承了辽代社会崇尚佛教的风习，至太宗完颜晟时期(1123~1135年)，虽然金代帝室公开支持佛事，但金代佛塔却营建不多，圆觉寺砖塔留存至今，弥足珍贵。圆觉寺砖塔分为塔座、塔身、塔刹三个部分。塔身下直、上尖，呈圆锥形，平面呈八角形，高30余米，共有九层，全部砖砌。塔座高约4米，基座四周嵌满砖刻浮雕，塔座是上下两道堂门式束腰的须弥座。其他三个门均为虚门，有的半开，有的虚掩，有的紧闭，设计独具匠心，使你真假难分，

以假乱真。 多姿多彩的力士舞人，雄狮猛兽各具特色。须弥座与第一层的上部均施斗拱，拱眼壁雕刻兽头或卧狮等，在八个挑角部位各施转角斗拱，分别有一名大力士支托，由八个角分割成的八个面，总计浮雕三组，其中有舞乐人物 40 个，姿态各异、逼真动人，有的作长袖舞，有的作长绳舞，有的抱琵琶，有的槌羯鼓，有的吹竖笛，有的击拍板，姿态表情各异，逼真动人，对研究古代民族文化，特别是北方民族的歌舞、乐器有一定的实景参考价值。雕刻的花鸟禽兽，也各具形态，楚楚动人，塔身的第一层是塔的主要部分，第一层四正面辟拱形门，门头上方有佛龛，龛内各有坐佛一尊，东西北是三个虚门，东西两门紧闭，北门半开，露一妇女探头张望的样子，四角面的中间开竖格虚窗各一，南门为实门，可以进入内室。内室原有塑像已经毁坏，穹顶及四周为圆锥形，墙壁彩绘的壁画是明代成化年间 (1465~1487 年) 重修圆觉寺时绘画的佛教故事人物，保留的绘画清晰，只是下部约一米处壁画已经毁坏。塔身除第一层外，其余各层均为实心，以出挑砖承塔檐，第一层虽然可以出入，但是高约 4 米的塔座在原有的设计中无梯级可登。自第二层到第八层为实心，层层如此，急速上收，到第九层突然升高，与第一层上下相互对应。塔顶上端安装莲花式铁刹，再上为覆钵、相轮、宝盖、圆光、宝珠，铁刹尖端有一翔凤，翔凤随风旋转，可辨风向，至今依然起着风向仪的作用。

古塔上立风向仪全国只有三处。一是建于北宋初期广州怀圣寺光塔塔顶上的"金鸡"，明洪武和清康熙八年两次为飓风所坠，后遂改为今状的葫芦形宝顶；二是建于宋代云南大理崇圣寺千寻塔塔顶四角各有一只铜铸的金鹏鸟，也早已毁落；三是浑源圆觉寺古塔上的这只候凤鸟，是全国唯一保存至今的珍贵候风仪实物。

圆觉寺砖塔塔刹上的候风鸟是一只造型精美的凤鸟。凤鸟两腿向后微弓，伫立在一只圆盘上，凤尾舒展上翘，两翼微张，长颈高引，鸟喙微开，似欲引吭长鸣，又似展翅欲飞。凤鸟伫立在圆盘的中央，上有一竿连接凤鸟腹部，下有一段套筒，与塔刹刹杆套连。遇风时，凤鸟、圆盘、套筒三者一体，以刹杆为固定轴转动。历经 800 余年风力摩擦的圆觉寺砖塔凤鸟，至今仍然旋转自如，起着风向仪的作用，向四方展示着它凌空欲翔的风姿，如今成为我国古塔候风仪仅存的珍贵孤品。

圆觉寺释迦舍利密檐实心仿木砖塔对研究当地古代民族舞蹈、乐器、雕刻技艺文化和研究金塔具有极重要历史价值，塔上的这只候风鸟，亦是指引民众预测天气的标志性建筑。那么，这座古塔上为何置有这只奇特的翔凤呢？当地有一个美妙动人的传说故事。传说辽末金初，恒山脚下浑源州有一位刘员外家财万贯，富甲塞上，中年无后。为此，刘员外积德行善，舍衣放饭，受到乡里的称颂。一日，刘员外的妻子生下一男一女双胞胎，盼子心切的刘员外，把两个小宝宝视若掌上明珠，但是两个孩子一直哭闹不停，请了几个郎中也不管用。三天头上，刘员外把精通医道的圆觉寺主侍通悟师太请到家里。通悟师太，原是大宋朝里司天监的女儿，自幼随父博学广识，上知天文，下通地理，美貌惊人，天姿国色。皇上听后，下诏要纳为妃。在丫鬟的帮助下，连夜出逃，后来全家遭满门抄斩，孤女便埋名隐姓步入空门。师太进得刘员外家，两个婴儿正在比赛般的大哭不止。师太顺着哭声走入卧室，对着两个婴儿念声："阿弥陀佛，不要哭，不要哭，不做状元做道童，不做皇妃做尼姑"。两个婴儿听后果然都不哭了，直眼望着师太。师太托起男婴的左手，用笔在手心上写了一个"为"字，在女婴的右手心上写了一个"凤"字，于是两个婴儿都笑了。刘员外见状，感激不尽。师太又不慌不忙地说："刘善人，老衲道喜，并有言相告，这男童是文曲星下凡，是大金国的首科状元，女童可作大金国的皇妃。然而，一阴一阳皆富贵，双双并肩必相克。只可二者存其一，存男存女任尔行。您还是作好存男则弃女，存女则弃男的思想准备吧，若不舍其一，两者皆难存。可喜可叹"。

师太走后，这两孩子又大哭不止。老两口无奈，商议了一夜，最后在重男轻女的不良风俗思想作祟下拿定主意，乘天不亮将女孩放到了城门口，被一对流浪艺人夫妇收养起来，见小女孩右手心有个"凤"字，便起名小凤。小凤随养父母四处漂泊，走遍了长城内外，弹

拉说唱，一学就会。小凤十六岁那年，养母病故后便随着养父回到浑源州。第二年养父又一病不起，临终时对小凤说："凤儿，为父与你母亲不是你的亲生父母，而是十七年前流落到浑源州在城门门口捡到的，你父母在浑源州，为父临死前把你送回故土死亦瞑目。"说后离世而去。小凤为安葬养父街头卖唱时，得到一位相公赠予银两安葬养父，小凤手捧白银，感动地流着泪："恩人，留下高姓大名，小女来世也忘不了恩人的大恩大德"。相公谦恭地一笑："姑娘莫要多心，快回去安葬老父要紧。"此情此景都被站在一旁的圆觉寺通悟师太看在眼里，待相公走后，师太走上前，将小凤一拉说："姑娘，你孤女一人多有不便，如相信老衲，不妨暂住到寺院去。"小凤正愁没个安宿之处，听后感激万分，并在通悟师太的帮助下安葬养父之后暂住寺内。

再说向小凤赠金的相公，不是别人，就是善人刘员外的儿子刘撝。刘撝自从见了小凤之后，隔三岔五就往寺里跑，小凤也有心于公子。刘撝果然得中大金国首科状元，向师太表明爱慕小凤的心意。师太听后，把他俩引至大殿，插入高香，诵经后，向兄妹俩讲述了二十年前的故事，并向他俩讲述了自己因不做皇妃，满门遭斩的经历，兄妹俩听后抱头痛哭。师太还对小凤说，自小凤被流浪艺人收养后，师太暗地跟着流浪夫妇，一直跟了十六年。刘员外知道经过后要将女儿接回家。可是小凤下定了决心拜师太为师，削发为尼，取名玄真。在圆觉寺伴着青灯黄卷，又度过

了二十年，年过九旬的通悟师太功满圆寂，玄真为报师傅恩德，在寺院当中为师傅建一座舍利砖塔，她四处化缘，并得到其兄刘撝的资助。建塔开工后，玄真亲手为砖塔的基座雕刻了四十八块砖刻浮雕。玄真经过三年的尽心操劳，为师傅建造的九层砖塔终于建成了，她望着巍峨壮观的宝塔，觉得自己功德圆满，于是选定吉日，坐化圆寂。玄真死后，其兄刘撝深为悲痛。一天，他夜里梦见一只凤凰落在塔刹尖上，仰首鸣叫。醒后，为寄托对妹妹的哀思，请能工巧匠打制了一只金凤凰，安置在塔刹上，时过境迁，800多年来这只祥凤依然傲立塔刹，随风旋转，起到风向标的作用服务于浑源人民造福至今。

各位游客朋友们，传说归传说，以《大同历史人物》记载，刘撝生于1097年，卒于1160年，字仲谦，号南山翁，金初浑源人，于公元1124年，金天会二年首开进士科，刘撝以辞赋第一人中选，为金代首位辞赋状元，也是西京地区历史上的首位状元。刘撝及其后人在金代先后有四世八人进士及第，被喻为"丛桂蟾窟"传为佳话。

圆觉寺释迦舍利砖塔建于公元1158年，但是，在塔的第一层南面有比金正隆三年早33年的题刻，也就是公元1125年，塔中已有题记，据此看来，此塔实际建造年代比县志所记载的要早。在上面的传说故事中，传说辽末金初，恒山脚下浑源州刘员外的妻子生下一男一女龙凤胎。女儿就是20年后在圆觉寺

削发为尼的玄真，儿子就是于公元1124年金代考中首位状元的刘撝。金代是公元1115年至公元1234年，依此推敲，刘员外的妻子生下一男一女龙凤胎的时间大约是金代初年。依上所述，史料记载与传说故事，在时间段上他们是相吻合的。

圆觉寺，仅仅是恒山脚下七处全国重点文物保护单位之一，浑源县早在新旧石器时代就有人类繁衍生息，是我国人类最早的聚居地之一，是农耕民族和游牧民族文化相融相夺之地，北岳恒山是全国首批四十四处风景名胜区之一，还有悬空寺、大云寺、永安寺、栗毓美墓、律吕神祠、文庙六处全国重点文物保护单位供大家参观。为了感谢各位游客，送给大家一副楹联以表谢意。

壮观北岳悠悠景致横穿晋冀绵延五百里；
靓丽浑源蔼蔼风情遍洒山川永享万年安。

游客朋友们，恒山脚下的圆觉寺，是了解古代历史文明的良好窗口，同时也是传递社会正能量，提升文化自信的良好场所。您的参观，因圆觉寺丰富的历史文化，必将为您留下深刻的印象，欢迎各位再次光临指导。同时，也希望您走出圆觉寺继续参观五岳之一的北岳恒山，天下奇观悬空寺，大清治河专家廉吏楷模栗毓美的府第及建筑精美的汉白玉构件墓葬，元代瑰宝永安禅寺。

我的讲解到此结束，谢谢大家！祝大家旅途愉快！

2018年2月

永安禅寺
恒山脚下的水陆道场

永安禅寺楹联

浑源县自古是一个老幼喜学之风盛行的地方，春节期间家家户户都要贴春联，人们穿上崭新的衣服，男女老少三三两两相聚在一起，穿梭在大街小巷的时候，习惯以个人爱好评评各家各户贴出的春联，集读、评、比于一体。这一民风在民间自然形成了春节期间与亲朋好友相聚甚欢的一项良好社会风尚，乐在其中，其乐无穷，既增长了学识，又增加了人与人之间的情感。

永安禅寺作为恒山脚下古十大佛寺之首，山门五楹，殿堂恢弘。可是，因历史上是一个游牧民族和农耕民族你争我夺战乱频发的地方，县志中曾经记载，因战乱和自然灾害造成人员断代，不仅寺院中原有的古楹联没有传承下来，而且寺院元朝之前的名称亦有不确定因素。永安禅寺现有的楹联，源于2011年春节临近的时候，景区管委会召开会议，要求永安禅寺在春节小长假期间对本地游客免费开放。因此，为了迎合我县广大群众在春节期间喜读、喜评、喜比春联这一良好民俗社会风尚，也为了缓解游客参观传法殿殿内原始壁画的压力，萌生编撰永安禅寺春联的想法。一夜之间撰写了空门、空门内侧、东接引门、天王殿、传法殿、客堂、五观堂七副具有一定禅意的春联，亦称为楹联，巧合为永安禅寺"祈福"楹联。楹联挂出后受到了我县品评楹联爱好者的围观和认可，使我信心倍增，因此激发了我自编自撰楹联的兴趣。每当春节来临之际，习惯于把自己对寺院殿堂及门厅的理解，自撰成联，且多年来把这一爱好延续了下来。自2011年编撰楹联至今，已编撰了一百多副具

有一定禅意的楹联，部分楹联有一个特殊的格式，在表联中重新组合后，会产生第二副，或者第三副隐藏在楹联之中的楹联。如："始进三餐粮；终出一身轻"重新组合之后成为"三餐粮终出；一身轻始进"的禅联。再如传法殿楹联："永传法殿堂庄严水陆六道四生百众；安净土佛陀普度天地三界十方万灵"这一副楹联可演变成三副不同含义的楹联，第一副是表联，用于解读传法殿的意义，第二副和第三副是隐联，第二副阐释了永安禅寺的意义，第三副阐释了众生的修行。重新组合之后分别成为："水陆六道四生百众安净土佛陀普度；天地三界十方万灵永传法殿堂庄严""殿堂庄严水陆六道四生百众安净土；佛陀普度天地三界十方万灵永传"的禅联。再如西垂花门楹联的上联：正宗之殿佛恒住；下联：永安禅寺法长存。这一副楹联是因正宗之殿的塑像和寺院大殿外侧墙壁上的"法"字均被毁坏，但是佛恒住、法长存是不二法门，所以重新组合的第二副楹联是：佛恒住永安禅寺；法长存正宗之殿。意喻永安禅寺是住佛的场所，正宗之殿是传法的殿堂。

编撰的传法殿和天王殿两副楹联，于2016年由本地善士郝继光先生布施，常学文先生用陈年椴木以传统纯手工工艺镌刻制作成黑底贴金包柱楹联，丙申年正月十三日完备。传法殿楹联高360.8厘米，宽48厘米，厚5厘米，作者撰联，中国铁路书法家协会副主席吕广恒先生敬书；天王殿楹联高286.8厘米，宽42厘米，厚4厘米，大同禅者刘文赜先生撰联，作者校正，中国

美术家和中国书法家协会双会员"一道北京画馆"馆长初中海先生敬书；编撰的东西垂花门楹联高 115 厘米，宽 20 厘米，厚 3.8 厘米，由浑源德高望重的 93 岁老先生徐竹漪敬书，永安禅修撰联，大同善士马景尧先生采用印度菠萝格机雕工艺制作成木质黑底描金楹联布施，于戊戌年（2018 年）中元节完备；编撰的西垛殿楹联高 130 厘米，宽 27 厘米，厚 5 厘米，由中国书法家协会会员、山西省书法家协会副主席熊晋先生敬书，永安禅修撰联，大同善士马景尧先生采用香樟木材质机雕工艺手工黑底贴金包柱楹联布施，于 2018 年初冬完备；钟鼓楼楹联高 360.8 厘米，宽 48 厘米，厚 5 厘米，是大同善士马景尧先生采用印度菠萝格材质机雕工艺制作而成的黑底描金包柱楹联布施，作者撰联，于己亥年（2019 年）立夏日完备。钟楼楹联是中国书法家协会理事白煦先生敬书；鼓楼楹联是中国美术家和中国书法家协会双会员"一道北京画馆"馆长初中海先生敬书；瞻仰楼明柱楹联高 300 厘米，宽 33 厘米，厚 5 厘米，是赵一豪先生布施，中国书法家协会会员王小宇先生敬书，永安禅修撰联，中国木雕艺术大师胡先民先生采用非洲白木的材质镌刻，原木本色贴金工艺的包柱楹联，于 2019 年 7 月 22 日完备；东垛殿楹联是本县善士程忠先生布施，永安禅修撰联，发稿之时正在筹备。

已经完备的木质楹联（以先后时间为序）：

传法殿楹联

上联：永传法殿堂庄严水陆六道四生百众

下联：安净土佛陀普渡天地三界十方万灵

丙申正月张建德撰吕广恒书

天王殿楹联

上联：持国多闻迈达理上生仰北岳

下联：广目增长阿逸多下化俯恒山

大同禅者撰联张建德校正一道书

东垂花门楹联：

上联：虎啸龙吟波罗蜜

下联：法相庄严弥陀佛

永安禅修撰联／马景尧布施 戊戌端月九三叟徐竹漪书

西垂花门楹联：

上联：正宗之殿佛恒住

下联：永安禅寺法长存

永安禅修撰联／马景尧布施 戊戌端月九三叟徐竹漪书

西垛殿楹联：

上联：禅茶相一无先后

下联：兄弟不二有仁义

永安禅修撰联／马景尧布施 熊晋书

钟楼楹联：

上联：启钟声十方莲花藏

下联：知果报三界释如来

戊戌立春书张建德先生联／竹石山馆白煦

鼓楼楹联：

上联：鼓声鼓韵鼓里境

下联：禅语禅悟禅中机

马景尧布施 永安禅修联 一道书

瞻仰楼明柱楹联：

上联：大寺品茶谈天谈地谈永安不论你长我短转善众生罗刹业；

下联：小院参禅迎日迎月迎盛世只愿国富民安享受世代菩提行。

岁在己亥初交时书 永安禅修撰联／金刚般若室王小宇敬书

东垛殿楹联：

上联：求破世界儿孙事

下联：舍得今生富贵因

程忠布施 永安禅修联

2011 年至今的部分楹联

空门楹联：

上联：清心入寺一念归真（真）行般若；

下联：净身礼佛万尘落尽（尽）笑拈花。

释义：清净心身入寺礼佛，一念归真万尘落尽，真行般若尽笑拈花。

空门是永安禅寺的主门，以临济宗完备于 1298 年，2000 年重建的时候恢复山门殿刹置景教文化，景教意喻清净。"清净"在经文中表述为："无动无欲，则不求不为。无求无为，则能清能净。能清能净，则能晤能正。能晤能证，则遍照遍境。遍照遍境，是安乐缘。"景教在蒙语中称为"也里可温"，汉语是有福缘的人，意喻进入永安禅寺的众生都是有福缘、有福报。福与佛同音，也就是说，进入永安禅寺的众生不但有福缘、有福报，而且是有佛缘的人。

上联：清心入寺法相灵空行般若；

下联：洁身礼佛庄严极乐悟拈花。

释义：清洁心身入寺礼佛，法相灵空庄严极乐，行般若悟拈花。

上联：寺外佛音遍十方润泽万物；

下联：殿内经法度四众广结善缘。

上联：金龙峡绝壁悬空公输天巧锦绣北岳国山秀美；

下联：玄武城众生永安诡异壁画结缘浑源百姓长福。

上联：雪罩恒岳满目银装点缀北国风光景象大同世界；

下联：灯映古城门庭祥瑞靓丽浑河民俗传承永安文脉。

无相门楹联：

上联：菩提本无禅禅者生禅意；

下联：世界若有佛佛性成佛身。

上联：弘扬民俗促进恒山产业；

下联：优化环境展示地方风采。

上联：佛音遍众生润泽大地；

下联：经法结善缘广度有情。

上联：悬空奇观浓缩国山精髓赢天下；

下联：永安庄严传承边塞文化促旅游。

无作门楹联：

上联：注色人有色无色层层色；

下联：行空者是空非空处处空。

上联：古城街巷广纳八方欢声笑语；

下联：恒岳松涛喜迎四面祥和春光。

上联：辰龙送福喜迎巳蛇吉祥岁；

下联：盛世扬善欢歌神州幸福年。

上联：寺遍十方佛恒住；

下联：经慈四众法常存。

空门内侧楹联：

上联：大寺小寺报国寺寺寺祈祷东南西北尽如愿；

下联：钟声鼓声诵经声声声护持春夏秋冬皆永安。

上联：古有大寺小寺铁佛寺寺寺铸诸佛化解俗世烦恼；

下联：今兴农业工业旅游业业业拢龙头推动社会精进。

上联：古有大寺小寺铁佛寺寺寺敬高香皆佑国安永泰；

下联：今兴农业工业旅游业业业惠民生共享盛世繁荣。

上联：大寺小寺铁佛寺寺寺敬高香皆佑福禄寿喜吉祥如意；

下联：钟声鼓声法号声声声施宏愿同庆风调雨顺五谷丰登。

天王殿楹联：

上联：弥勒笑迎四众弘法度；

下联：韦陀严护三州广福田。

上联：笑迎四众启智慧建善随喜；

下联：严护三州保平安德报结缘。

上联：韦驮菩萨护三洲保平安风调雨顺；

下联：弥勒佛祖迎四众赐智慧福寿安康。

瞻仰楼内柱楹联：

上联：回首一拜生善念佛门点燃智慧客；

下联：空门三省起般若净地施舍缘觉田。

上联：佛门守法度有法法法不离世法；

下联：欲界私情离无情情情涌现真情。

传法殿楹联：

上联：救水陆有情普济群灵广设六度菩提；

下联：施佛陀妙法圆满净土回报三界众生。

传法殿后板门楹联：

上联：佛前恭敬一柱香；

下联：香后庄严三世佛。

西垛殿楹联：

上联：一生荣辱轻描淡写；

下联：三世因果谁识你我。

上联：关帝舍身容安在；

下联：佛门得圣义永存。

钟楼楹联：

上联：十方推敲迎祥瑞；

下联：三界因果释真如。

上联：永安妙笔丰富古城文化创新优良环境；

下联：浑源特色提升旅游产业促进经济繁荣。

东配房楹联

上联：有蝉生净土；

下联：无明失精进。

上联：生净土无明；

下联：失精进有蝉。

上联：放下贪嗔痴；

下联：修来心无尘。

上联：放下伤人口头语；

下联：踏上修道清净心。

西净楹联：

上联：始进三餐粮；

下联：终出一身轻。

上联：三餐粮终出；

下联：一身轻始进。

五观堂楹联：

上联：一壶温酒辞旧岁；

下联：三更旺火迎新年。

上联：烹佳肴 一壶美酒掛旧岁；

下联：响鞭炮 三更旺火助新春。

客堂楹联：

上联：佛恒住永安禅寺；

下联：法长存正宗之殿。

上联：全民共庆十九大；

下联：华夏同步双百年。

上联：十九大华夏同步；

下联：双百年全民共庆。

上联：怀德施善如是是；

下联：修身养性尽空空。

上联：尽空空怀德施善；

下联：如是是修身养性。

上联：堂出妙语悦耳声；

下联：寺生佛法普度音。

上联：瑞雪迎春江山秀

下联：风清气正自生辉

西接引门历年楹联：

上联：落地古寺映北岳；

下联：悬空宝刹彰翠屏。

上联：方便门开施无为；

下联：妙法广度通有情。

上联：虎啸龙吟庆新岁；

下联：法相庄严迎嘉宾。

上联：北岳胜景日日新；

下联：浑河岸边天天福。

上联：方便门开见菩提；

下联：妙法广度化众生。

上联：方便门接纳四众始无为；

下联：妙法音普度三界终有情。

东接引门历年生肖庆岁楹联：

2011 年上联：寅助虎威震慑歪门邪道；

　　　　下联：卯兴兔运喜迎和谐盛世。

2012 年上联：卯兴兔运续兔岁吉祥；

　　　　下联：辰行龙吟接龙年平安。

2013 年上联：祥龙润泽大地喜降甘露；

　　　　下联：银蛇富甲天下普送财神。

上联：龙舞盛世年年旺；

下联：蛇迎财源岁岁增。

上联：祥龙欢腾祝福世界太平岁；

下联：银蛇庆舞喜迎中华文化年。

上联：辰龙威德震慑不法徒迎来华夏
　　　　蛇年太平日；

下联：盛世惩恶痛击玩火者打掉倭寇
　　　　庆岁笑颜开。

2014 年上联：蛇行龟城喜庆浑河平安岁；

　　　　下联：马赠双翼欢歌恒岳吉祥年。

2015 年上联：俊马迎来千般运；

　　　　下联：吉祥报得万象新。

2016 年上联：吉祥送福福满家；

下联：神猴报禧禧盈门。

2017 年上联：飞雪浸润丙申猴；

　　　　下联：劲风吹醒丁酉鸡。

2018 年上联：金鸡回向千家兴；

　　　　下联：玉犬恭迎万物苏。

2019 年上联：全（犬）心守护百年旺；

　　　　下联：朱（猪）笔题名万事亨。

2020 年上联：祝（猪）福增色年年好；

　　　　下联：曙（鼠）光添彩岁岁新。

2021 年上联：鼠咬天开云散尽；

　　　　下联：牛耕地应粮满仓。

2022 年上联：牛牛牛牛年真牛牛气冲天；

　　　　下联：虎虎虎虎岁迎虎虎威盖地。

部分长联：

上联：华夏儿女继承党的优良传统 虎啸龙吟团结奋进 唱起幸福歌继往开来 共欢共乐享受华夏经济繁荣；

下联：祖国山川盛行天地仁义之道 法相庄严惩恶扬善 喜庆十八大胜利召开 有声有色维护祖国领土完整。

上联：飞石窟云雾迷漫 烟雨缭绕恰似神来 出入飘逸出入豁然 上下如意天生仙风道骨来神处；

下联：悬空寺绝壁生辉 腾空而行犹如天巧 时为彩虹时为飞龙 动静相宜地造亭台楼阁建天宫。

上联：恒山永安莲花生 千佛岭下云峰寺 夕阳反照玉羊游 果老洞边振衣台；

下联：翠屏圆觉玄武城 五峰观上龙王堂 磁霞烟雨金鸡报 灵穴深处会仙府。

人生不会老

让我们慢慢变老。

脚步轻轻，时光融融。

花灯下——开怀畅谈言未尽！

让我们慢慢变老。

眼袋如丰，暮色浓浓。

当回首——步步埋下足迹情！

让我们慢慢变老；

发花日新，功底铮铮。

三足立——独站山顶我为峰。人生怎能老！

让我们慢慢变老。

双手勤勤，岁月匆匆。

天地间——摆下香茗沉浮论。人生不能老！

恒风咏和天地韵，富国强民唱大风。

开怀畅谈言未尽，步步埋下足迹情。

独站山顶我为峰，摆下香茗沉浮论。

山水草盛同欢聚，华夏文明要传承——人生不会老！

丁酉年正月廿三午后于永安寺